臺中開發史

—— 兼臺中龍井陳家移臺略考

陳福成著

文學叢刊

文史哲出版社印行

國家圖書館出版品預行編目資料

臺中開發史：兼臺中龍井陳家移臺略考 / 陳
福成著.-- 初版 -- 臺北市：文史哲, 民 101.11
頁；　公分（文學叢刊；275）
ISBN 978-986-314-068-9（平裝）

1.陳氏 2.臺灣開發史 3.臺中市

733.9/115.2　　101021382

文學叢刊 275

臺中開發史

— 兼臺中龍井陳家移臺略考

著者：陳福成
出版者：文史哲出版社
http:// www.lapen.com.tw
e-mail：lapen@ms74.hinet.net
登記證字號：行政院新聞局版臺業字五三三七號
發行人：彭正雄
發行所：文史哲出版社
印刷者：文史哲出版社
臺北市羅斯福路一段七十二巷四號
郵政劃撥帳號：一六一八〇一七五
電話886-2-23511028 · 傳真886-2-23965656

定價新臺幣四四〇元

中華民國一〇一年（2012）十一月初版

ISBN 978-986-314-068-9　08275

圖序：五張古地圖說臺中的前世與誕生

這張是嘉慶十七年（一八一二）的《全臺政區》，當時是一府（臺灣府）、四縣（彰化縣、嘉義縣、臺灣縣、鳳山縣）、三廳（淡水廳、澎湖廳、噶瑪蘭廳）。需要注意的是，這時的「臺灣縣」是今臺南地區，等到臺灣建省設省會於臺中，那時的臺中改稱「臺灣縣」。所以臺灣縣在不同時代，指稱不同地區。

本圖的臺中地區大多屬彰化縣，大甲溪以北則屬淡水廳。臺中在那裡？這時門都沒有。

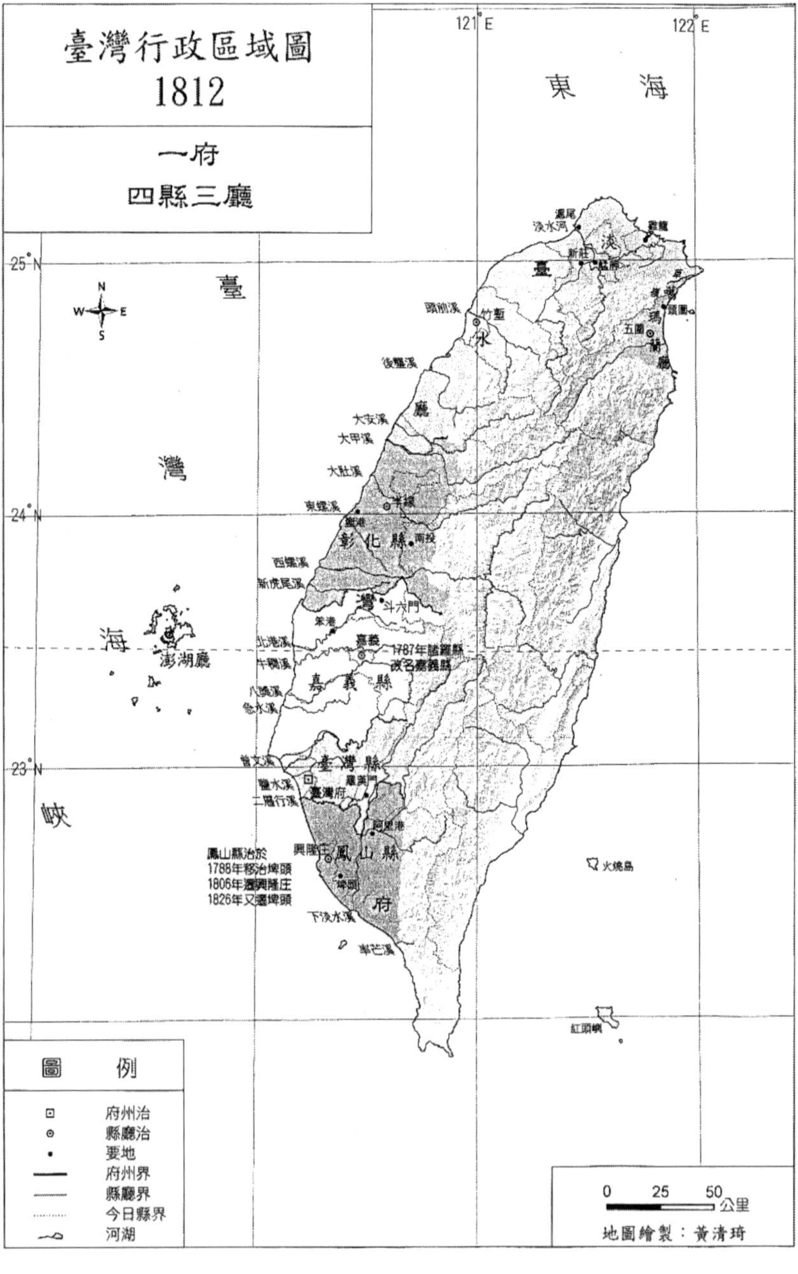
臺灣行政區域圖
1812
一府
四縣三廳
121°E
122°E
25°N
24°N
23°N
東　　海
臺
灣
海
峽
N
W
E
S
淡水河
竹塹
淡
水
廳
噶
瑪
蘭
廳
五圍
頭圍
頭前溪
後壠溪
大安溪
大甲溪
大肚溪
東螺溪
彰化縣
南投
西螺溪
新虎尾溪
斗六門
笨港
北港溪
嘉義
1787年諸羅縣
改名嘉義縣
嘉義縣
澎湖廳
牛稠溪
急水溪
曾文溪
臺灣縣
臺灣府
二層行溪
阿里港
鳳山縣治於
1788年移治埤頭
1806年遷興隆庄
1826年又遷埤頭
興隆庄
鳳山縣
埤頭
府
下淡水溪
率芒溪
火燒島
紅頭嶼
圖　例
府州治
縣廳治
要地
府州界
縣廳界
今日縣界
河湖
0
25
50
公里
地圖繪製：黃清琦

這是《全臺輿圖》（別名《臺灣輿圖》、《臺灣輿圖並說》、《光緒臺灣輿圖》等，當中的第一幅圖，這是一本地圖集，正式出版時間是光緒六年（1880）。本圖中的臺中地區仍屬彰化縣轄區，「臺中」字樣尚未出現，但臺中地區地名都有了，如大肚、沙鹿、牛罵、阿罩霧、東勢角、胡蘆墩、梧棲、水裡等。

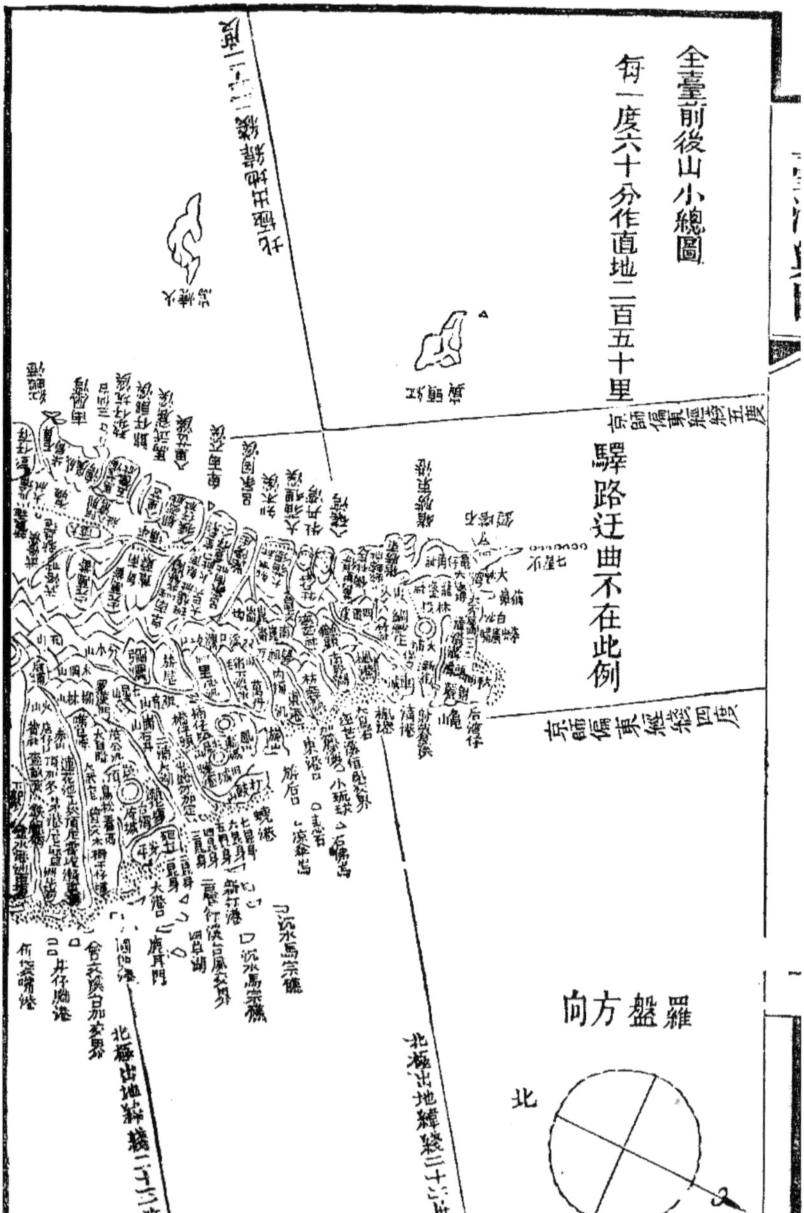
全臺前後山小總圖
每一度六十分作直地二百五十里
驛路迂曲不在此例
京師偏東經線五度
京師偏東經線四度
北極出地緯綫二十三度
羅盤方向
北

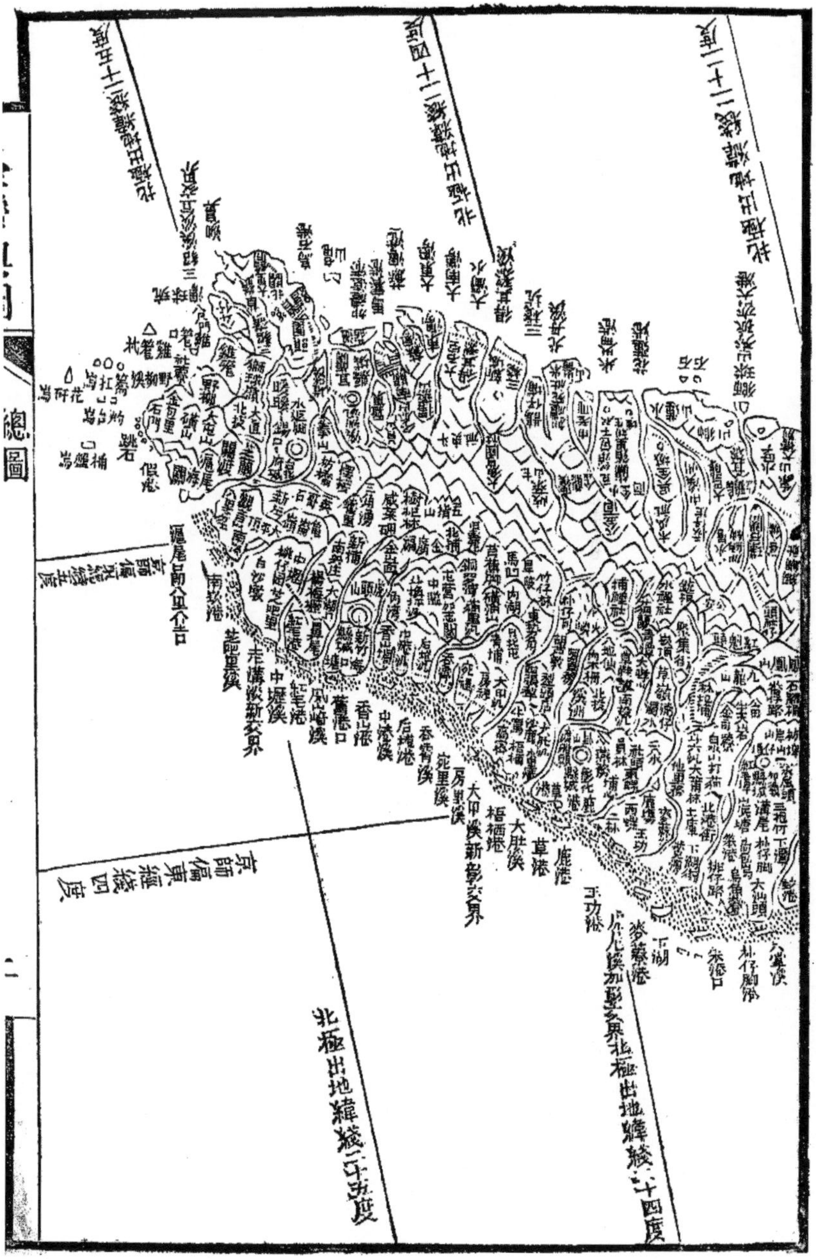
總圖
京師偏東經綫四度
北極出地緯綫二十四度

這張「彰化縣圖」年代同前。大甲溪以南都屬彰化縣轄區，臺中市雖仍未誕生，但已標示「貓務巡檢」，其他地區也清楚，如大肚街、烏日庄、東大墩、大里杙、阿罩務、沙轆街，及梧棲港、水裡港、大肚溪等。

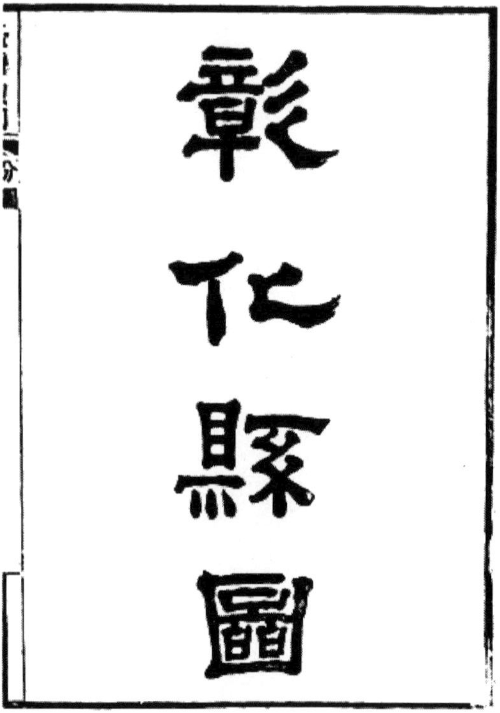
彰化縣圖

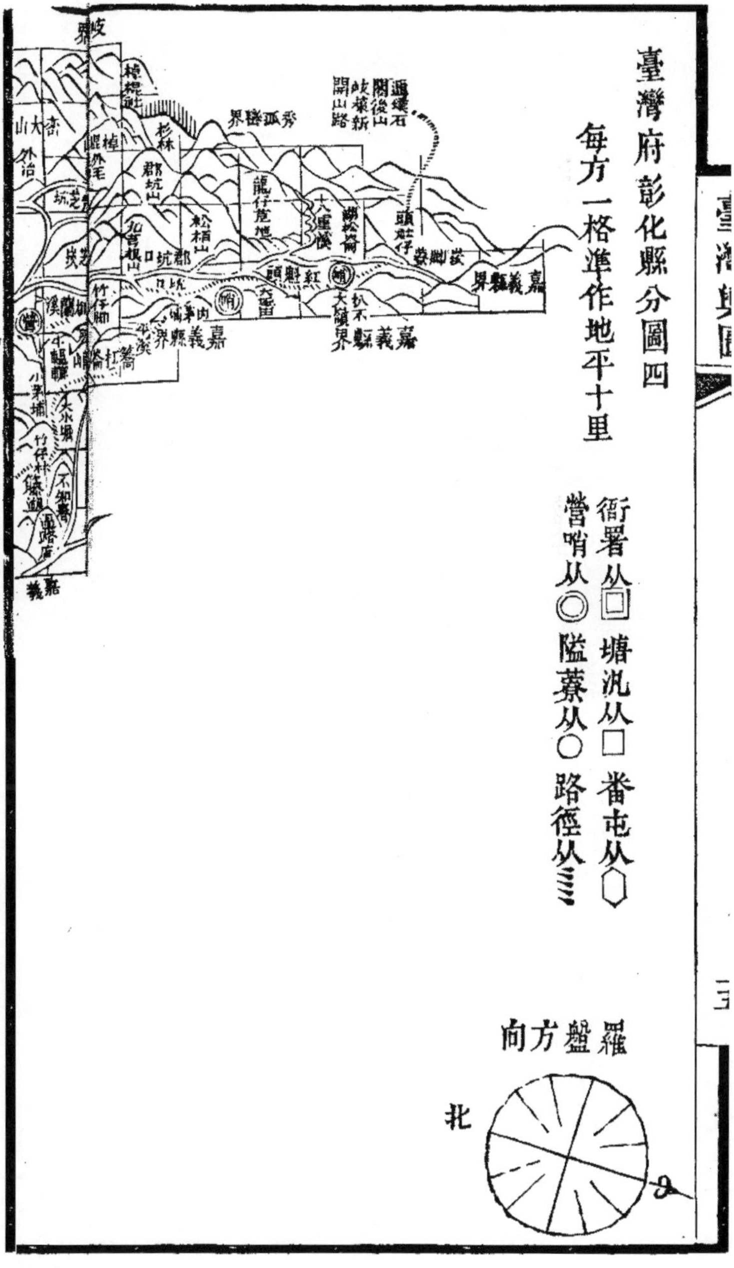
臺灣府彰化縣分圖四
每方一格準作地平十里
衙署从□　塘汛从□　番屯从⬡
營哨从◎　隘寮从○　路徑从ミ
羅盤方向
北
秀孤巒界
嘉義縣界

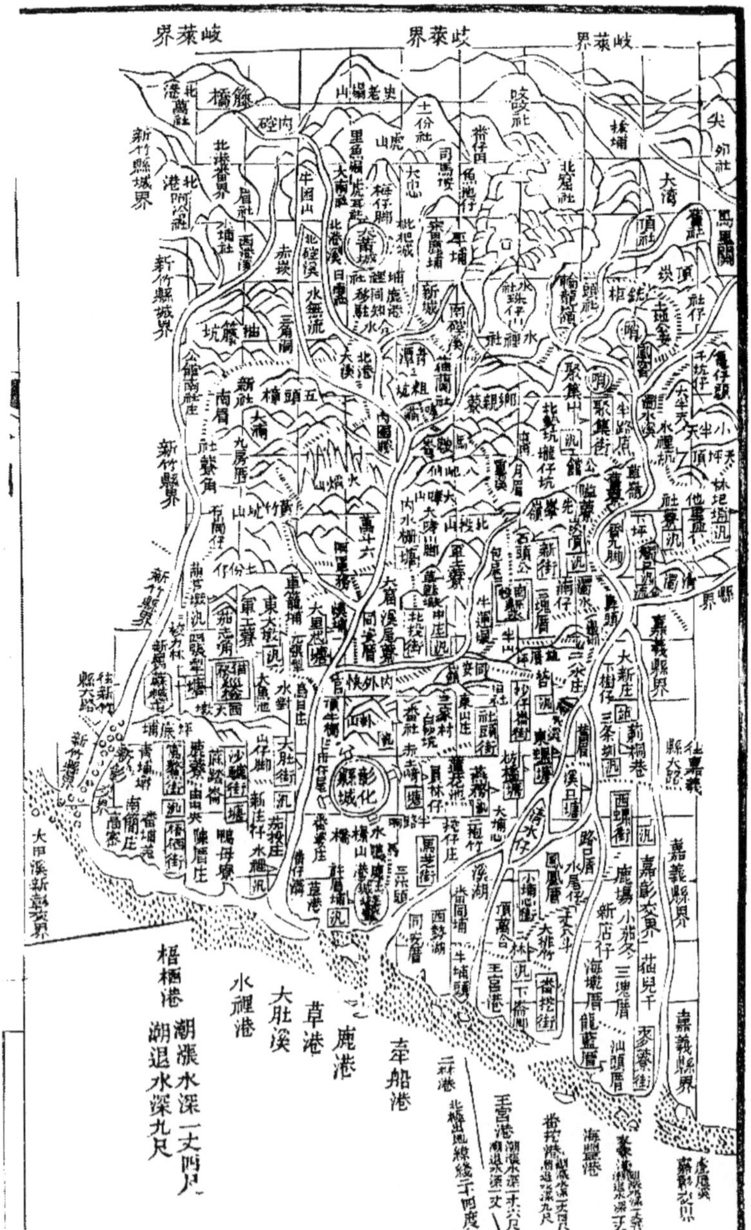
岐萊界
岐萊界
岐萊界
新竹縣城界
新竹縣城界
新竹縣界
彰化縣城
嘉義縣界
梧棲港
潮漲水深一丈四尺
湖退水深九尺
水裡港
大肚溪
草港
鹿港
牽船港

光緒十一年（一八八五）九月五日，臺灣建省，正式成爲中國的省級行政區，以劉銘傳爲第一任巡撫，建省會於臺灣府臺灣縣橋仔圖（位今臺中市南區）。

光緒十三年（一八八七）八月十七日，劉銘傳、楊昌濬奏准臺灣行政區調整爲三府一州十一縣三廳。這張《臺灣輿圖》正是顯示建省後的新行政區劃。

但此時「臺中」尚未誕生，臺中地區一帶叫做「臺灣縣」，至少省會設在這裡，「臺中」地位越來越重要了。

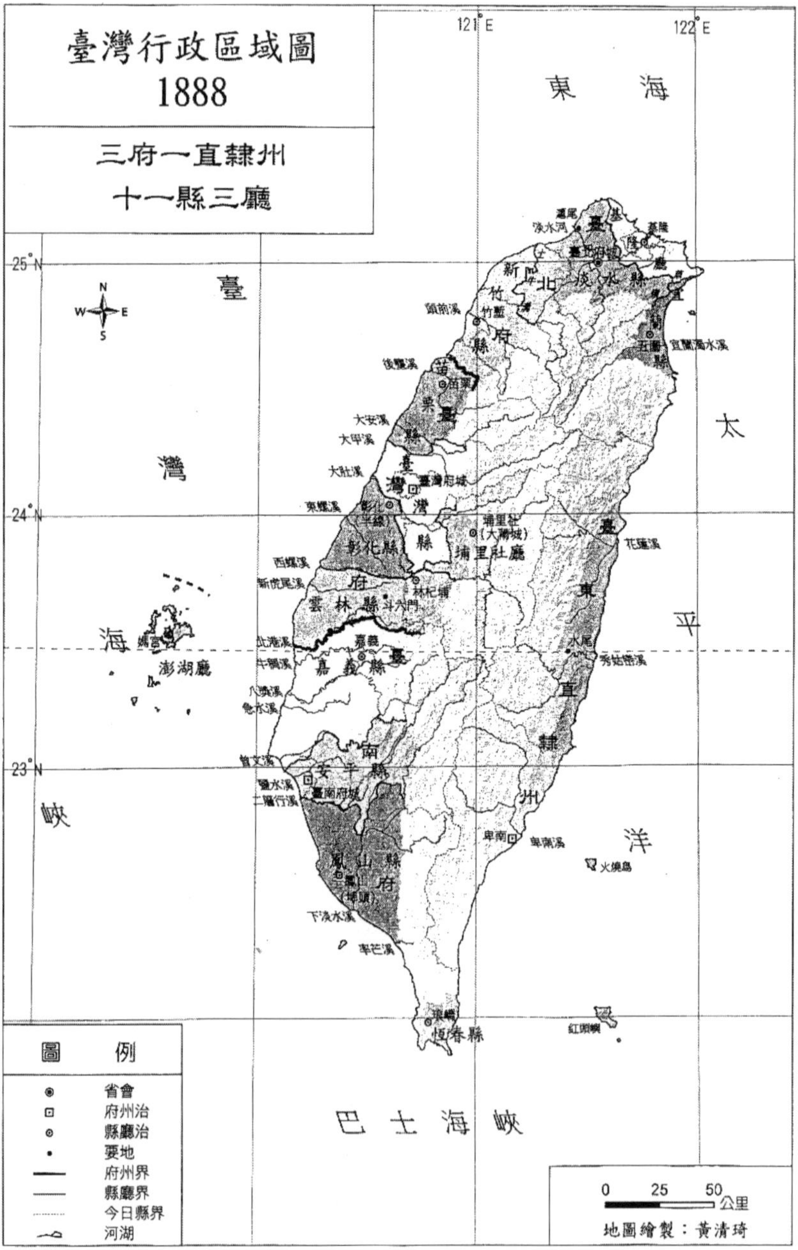
臺灣行政區域圖
1888
三府一直隸州
十一縣三廳
121°E
122°E
25°N
24°N
23°N
東海
臺灣海峽
太平洋
巴士海峽
臺北府
淡水縣
新竹縣
宜蘭縣
苗栗縣
臺灣府
臺灣縣
彰化縣
雲林縣
埔里社廳
嘉義縣
臺南府
安平縣
鳳山縣
恆春縣
澎湖廳
臺東直隸州
基隆廳
圖例
省會
府州治
縣廳治
要地
府州界
縣廳界
今日縣界
河湖
0 25 50 公里
地圖繪製：黃清琦

這張光緒《欽定大清會典圖》，刊印於光緒二十五年（一八九九），可惜這時臺灣已割給倭人。把臺灣納入會典圖，只是心裡安慰而已，這是滿清刊印的最後一張臺灣地圖。

但重要的是在這張圖上，「臺中」誕生了，臺中第一次出現在地圖上，由此開始。從今以後，人們慢慢習慣把這裡叫臺中，而不叫「貓務」或「貓霧捒」。「臺中」誕生於一八九九年，到本書出版（二〇一二年），一百一十三歲了。

光緒《欽定大清會典圖》台灣省全圖

光緒 25 年刊刻

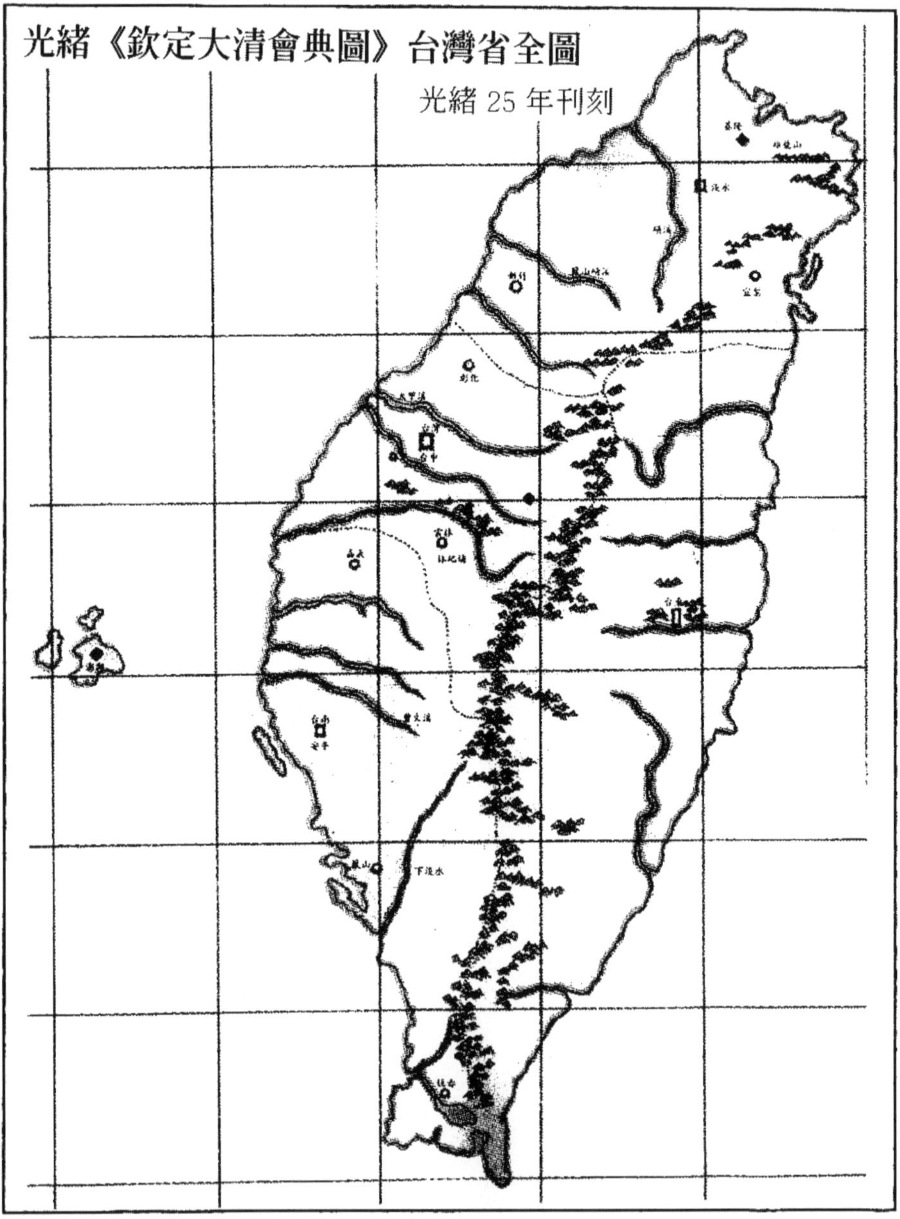

臺中開發史
——兼臺中龍井陳家移臺略考

目 次

前排左起：二阿姨陳燕、舅舅陳火、筆者母親陳蕊；
後排左起：五阿姨陳鶯、四阿姨陳品、表姊陳雪
地　　點：臺中龍井水裡社祖居厝。
攝影時間：不詳，約民國七十年左右。

左起：筆者表妹王秀碧、胞妹鳳嬌、秀碧夫阮春稻、筆者、胞妹秀梅、表妹麗瓊。民國 99 年 3 月攝於臺中清水。我們算是從第一代祖陳添丁移民臺中龍井後，已是第五代。

左起：我母親陳蕊、五阿姨陳鶯、舅舅陳火、四阿姨陳品、二阿姨陳燕。
他們是龍井陳家移臺的第四代。

父親在中興嶺陸軍第805總醫院精神科當護士，約民55年。

父親陳健民先生，時間大約民國60年，臺中中興嶺眷村。

大妹與母親，民60年左右。

母親（右）和她四妹（我四阿姨），時間約民60年。

二妹小時候，約民53年。

大妹五歲時，約民48年。

小妹趕流行！

大妹（右）和表妹（左）。

大妹二妹長大後，年代不詳。

民 56 年遊日月潭。

在表兄（坤協，中立）的田園，這裡是龍目井水裡社。時間約民90年。

大妹二妹學生時代

泉州陳添丁移民臺灣臺中後的第六、七代裔孫。

泉州陳添丁移民臺灣臺中後的第六、七代裔孫。

姿儀、小聯和他們的寶貝，2010年9月28日，臺中。

寧寧和筆者

筆者、妹妹和孫輩，2010年9月28日，臺中。

筆者、妹妹和家人們

筆者、妹妹、阿文和貝比們，2010年9月28日，臺中。

筆者、妹妹和家人，2010年9月28日，臺中。

筆者與大妹在新社花海

都是一家人，2010年9月28日，臺中。

①筆者（中右抱娃娃）60壽，兩個妹妹（最右）和他們的子孫輩設宴祝壽，2012年春，編號至⑧同壽宴照。

②我抱著的，是從我母親算起的第四代新新臺中人寧寧。

④我抱的三個都是真的，21世紀新新臺中人，左起：小毓、寧寧、瑄瑄。

⑥筆者抱小毓（舅公抱外甥孫）。

③陳鳳嬌和陳秀梅綿延這麼多人。

⑤左起：阿平、筆者、妹妹。

⑦許願。

⑧60 年了，切蛋糕的感覺不一樣。

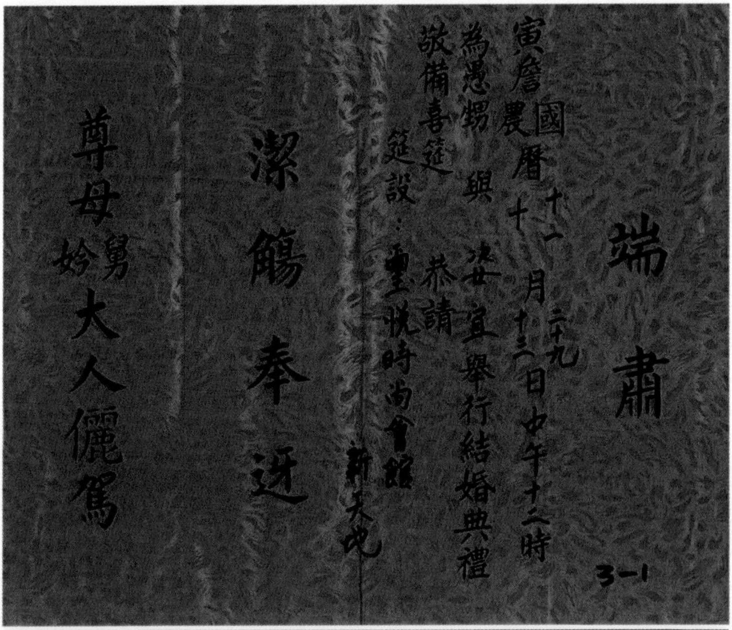
端肅
寅詹國曆十一月二十九日中午十二時
農曆十月十三
為愚甥 與 妾 宜舉行結婚典禮
敬備喜筵 恭請
筵設：重悅時尚會館
新天地
潔觴奉迓
尊母舅妗大人儷駕
3-1

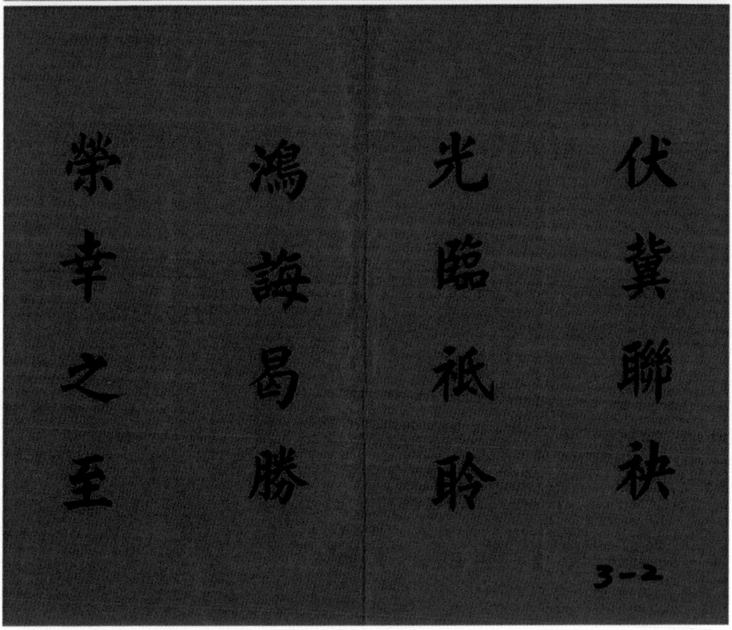
伏冀聯袂
光臨祗聆
鴻誨曷勝
榮幸之至
3-2

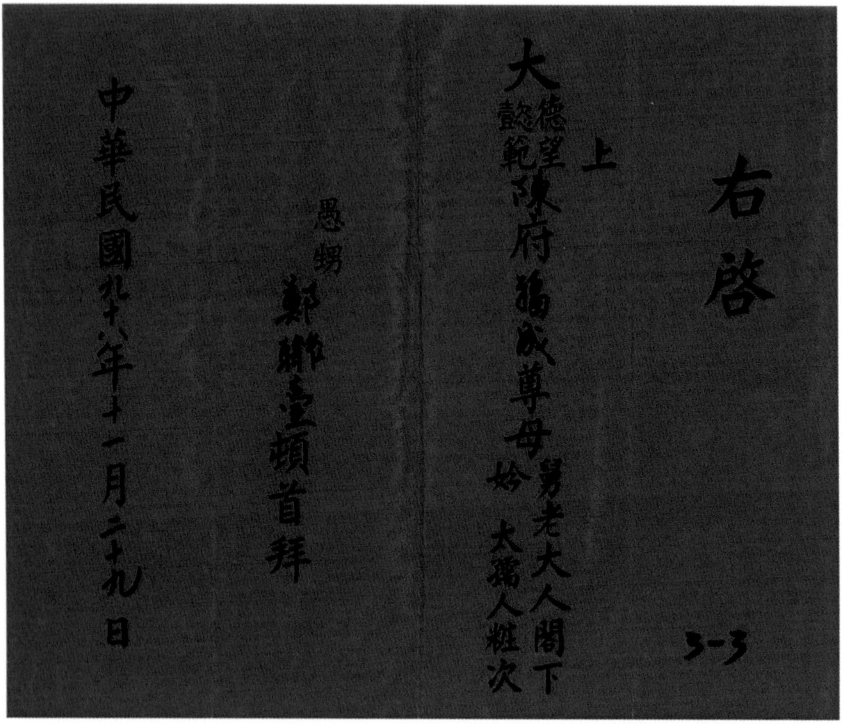
右啟
上
大德望陳府福成尊母舅老大人閣下
懿範　　　　　　妗　大孺人粧次
愚甥
鄭聯堂頓首拜
中華民國九十八年十一月二十九日
3-3

第一篇　臺中開發史

筆者年少時（高二），地點臺中中興嶺眷村

臺中市行政區域圖

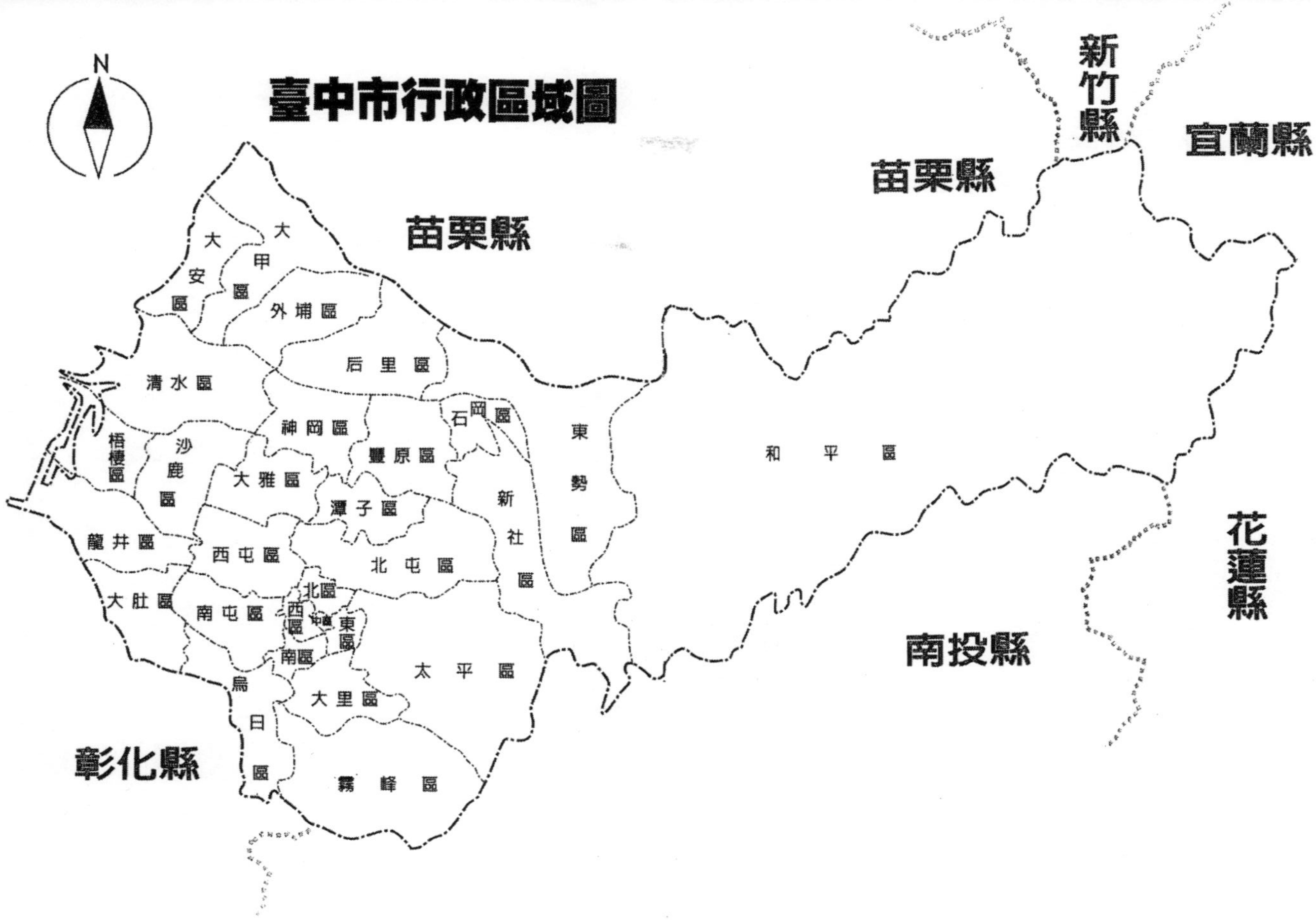
N
苗栗縣
新竹縣
宜蘭縣
苗栗縣
大安區
大甲區
外埔區
清水區
后里區
梧棲區
沙鹿區
神岡區
豐原區
石岡區
東勢區
和平區
大雅區
潭子區
新社區
龍井區
西屯區
北屯區
大肚區
南屯區
北區
西區
中區
東區
南區
太平區
烏日區
大里區
霧峰區
彰化縣
南投縣
花蓮縣

第一章　「臺中」還不存在時的臺中

——「臺中」的誕生

這個題目的語句結構本身很弔詭（Paradox），很詭異，「臺中」還不存在時，那時是臺中嗎？最早有人住這裡，他們又如何稱呼這塊地方？

世間事很弔詭，任何人事物未經人的論述，通常是「不存在的」——即使明明是存在的！仍然不被「承認」存在。

舉一實例，大家較容易懂。當歐洲白人尚未入侵美洲大陸時，美洲印第安人（American Indians，或稱紅種人、紅印度人）過著自由自在的日子。但十六世紀時，歐洲人大舉入侵美洲，教皇亞歷山大六世（Aexandre VI）頒下聖旨，全面掠奪美洲資源財富，印第安人幾乎被全面消滅掉。因爲白人認爲那些「紅番」不是人類，而是一種低等動物，爲了美洲原住民是人類還是低等動物，有過精彩的辯論。

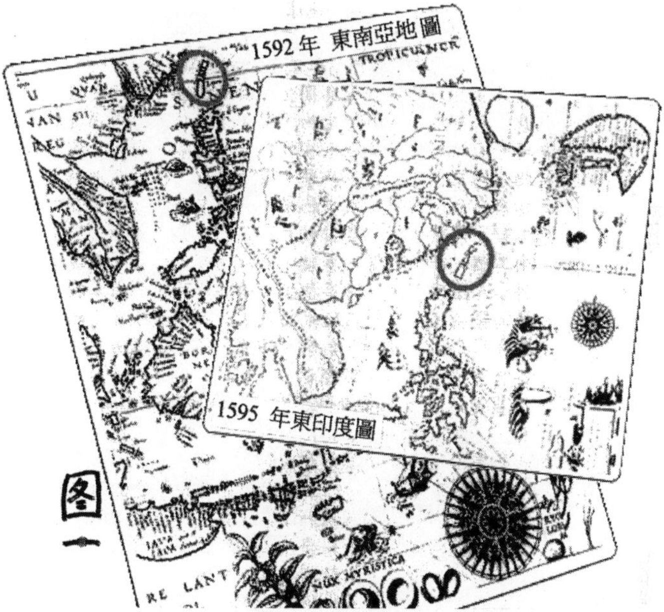
1592年 東南亞地圖
1595 年東印度圖
NUX MYRISTICA

圖一

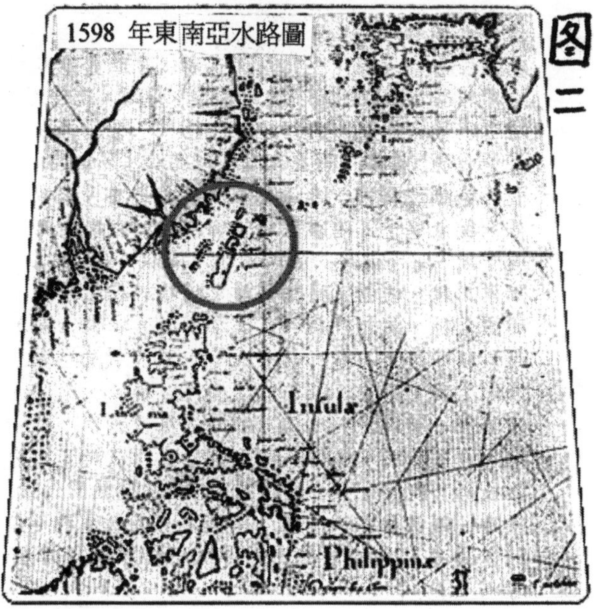
1598 年東南亞水路圖
Infulæ
Philippinæ

圖二

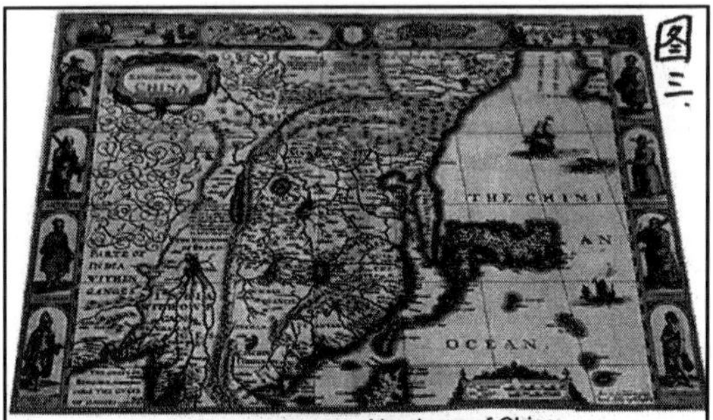

1626 年的「中華王國圖 The kingdome of China」

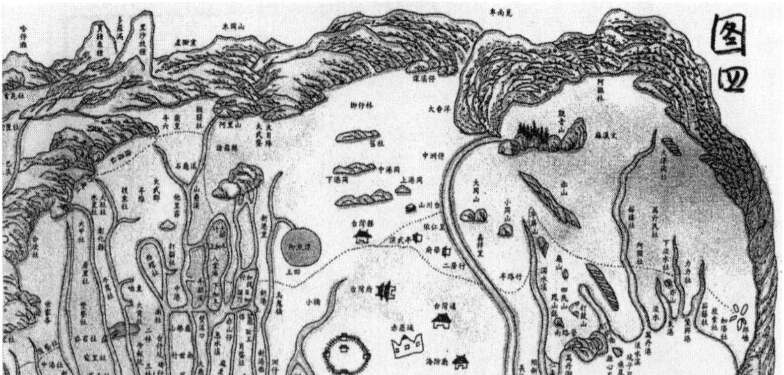

■乾隆「台灣府圖」比康熙「台灣府總圖」在長寬比例上胖了許多，但內容上卻不增反減，上圖為乾隆「台灣府圖」的改繪圖。

图五

■雍正 4 年（1726）《古今圖書集成》中的「台灣府疆域圖」。

图六

■乾隆 2 年（1737）《福建通志》中的「內府地圖臺灣圖」是根據康熙 53 年（1714）來台實測的結果所繪成。

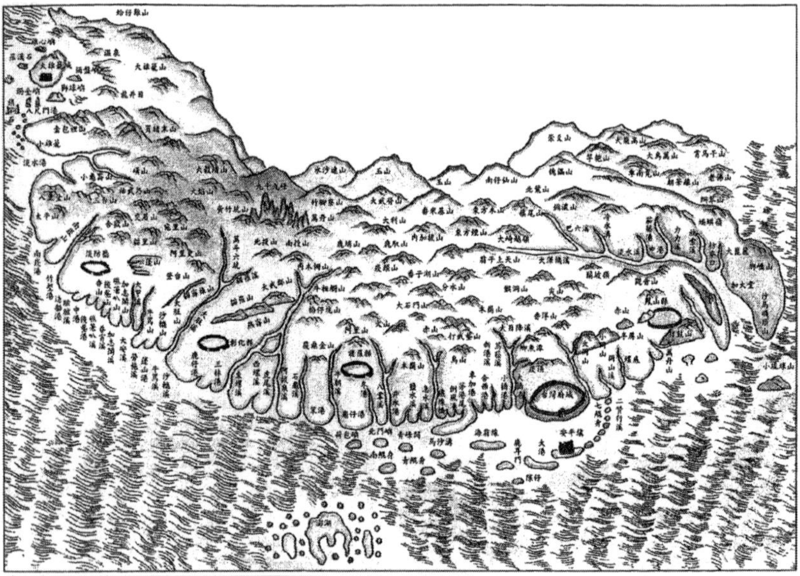

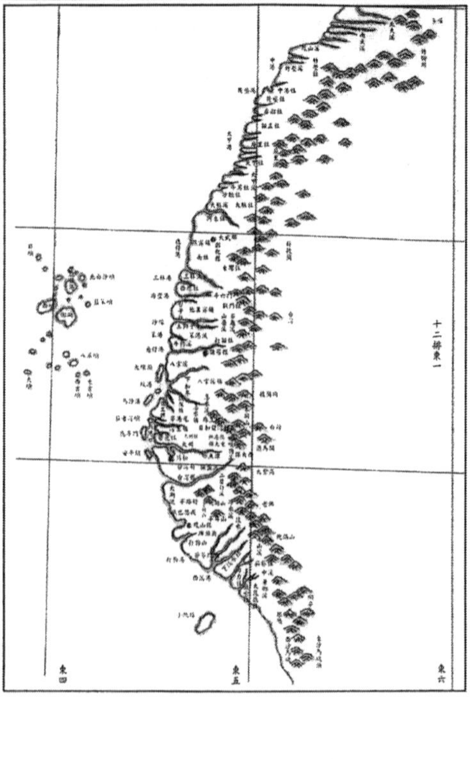

上圖七：《重修臺灣府志》「總圖」中未繪出曾在《重修福建臺灣府志》「臺灣府總圖」中現身的紅頭嶼。上圖為《重修府志》「總圖」的改繪圖。

左圖八：乾隆26年（1761）「乾隆內府地圖（十三排圖）」採正弦曲線等面積偽圓柱投影和三角測量法。

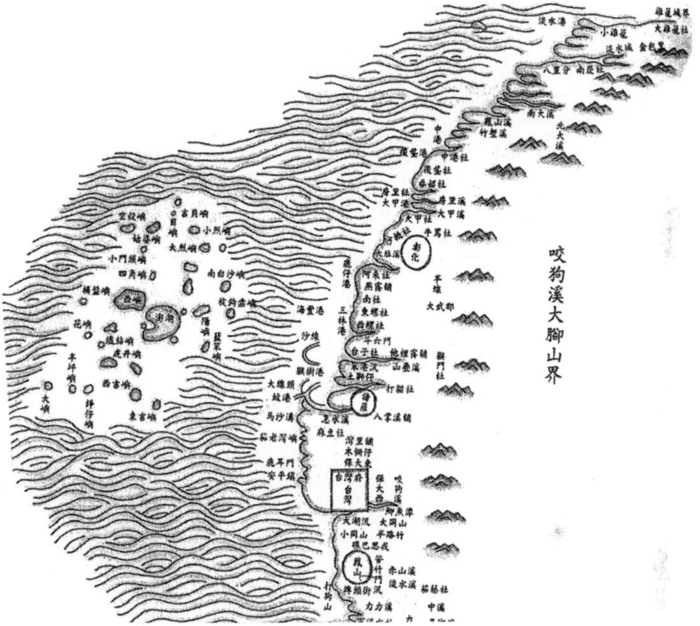

圖九：乾隆 54 年（1789）《大清一統志續修本》中的「臺灣府圖」。

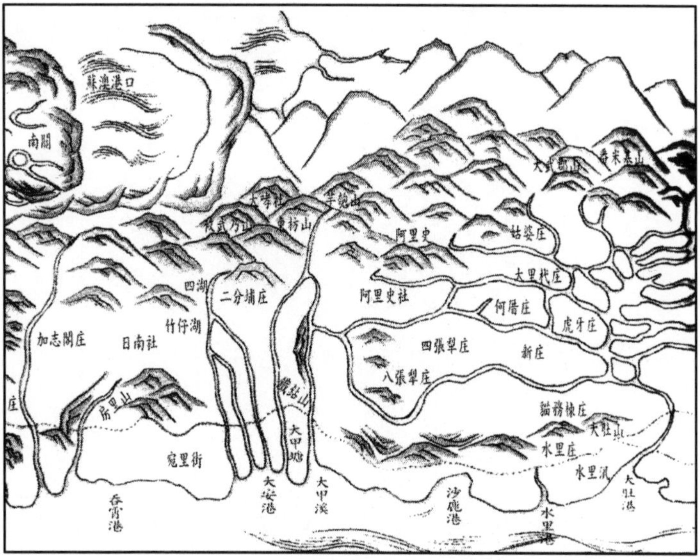

圖十：道光臺灣輿圖（臺中地圖），道光 29 年（1849）。

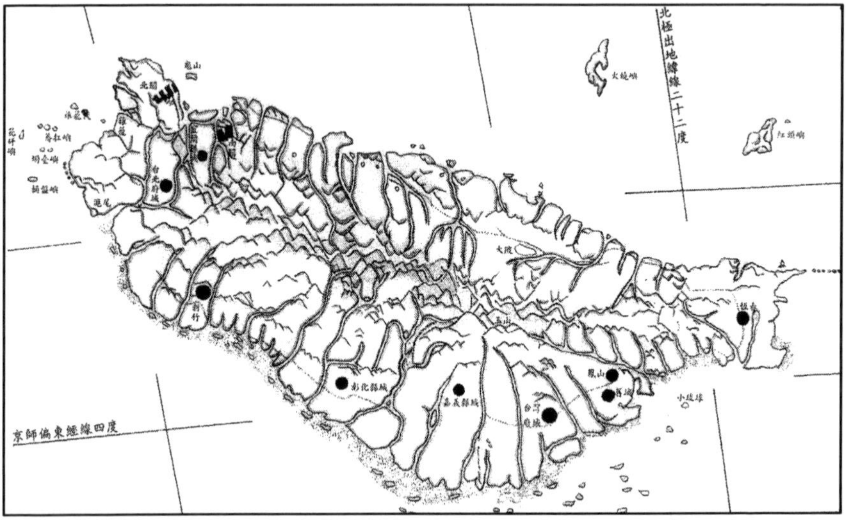

圖十一：「全臺前後山小總圖」的改繪圖，光緒 6 年（1880）。

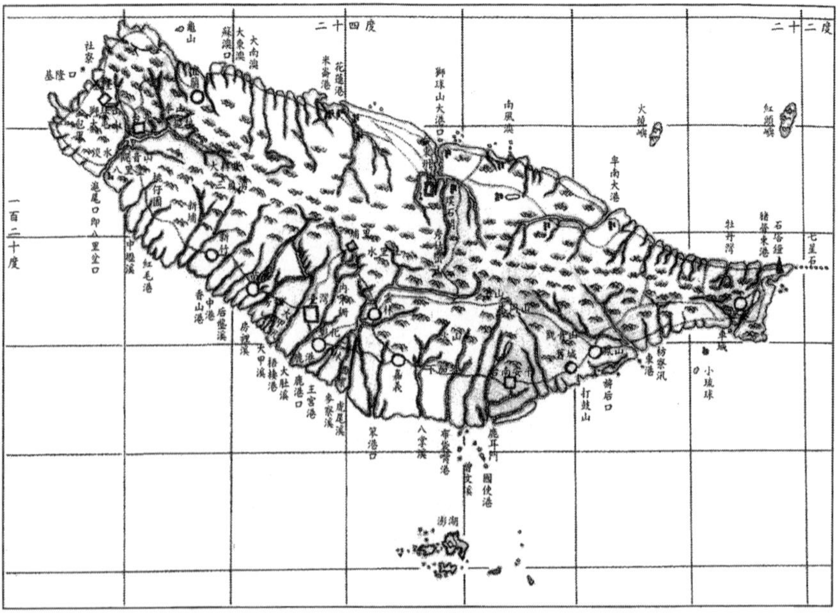

圖十二：《臺灣地輿總圖》「全臺前後山總圖」是比例尺控制得最好的一幅清代臺灣全圖，光緒 17 年（1891）。

一五一九年，殖民者拉斯卡沙斯（B. de Las Casas）與哥倫比亞主教柯維多（Quevedo），在皇帝查理坎（Charles Quint 1500-1558，荷蘭、西班牙和德意志的統治者）主持下，進行激烈的御前辯論。柯維多直言「那些是低等動物，不能與白人一樣同屬人類。」但拉斯卡沙斯持完全相反看法，認爲他們也是一種人類，應有人的自由，教皇也積極干預此事，均未有結果。美洲紅種人是不是一種人類？仍無定論，而殺戮持續者。

直到一五三七年，教皇保祿三世（Paul III）終於頒旨，承認印第安人是真正的人類，此時開始印第安人才是「人」。換言之，美洲印第安人正式被「公認」是人，至今才五百多年，之前只是一隻動物。

然而，不論教皇承不承認美

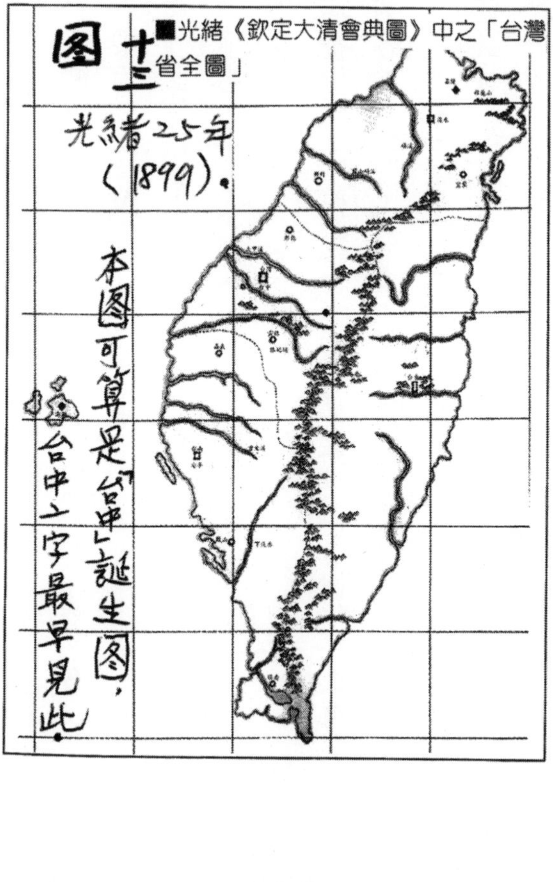
圖十三
光緒25年
(1899).
本圖可算是「台中」誕生圖，
台中二字最早見此.
■光緒《欽定大清會典圖》中之「台灣省全圖」

洲印第安人是不是「人」的一種，他們都是人，一樣的人，並未改變他們是人類的屬性；最重要的改變，頒旨前是可殺戮的動物，之後是不可任意殺戮的人種。爲什麼？多少個爲什麼都不能說明白「爲什麼？」唯一可以解釋的，是「詮釋權」（或叫解釋權），也就是強權說了算數，強權說你是什麼便是什麼！

放眼看世間一切事物，不是強權說了算數，另就是人說了算數。一朵花、一種生物、一個地方……人不論述他，他便不存在。

「臺中」的存在也是如此，「臺中」二字何時誕生？何時人們才把這個位於臺灣西部中間地帶叫「臺中」？查遍臺灣各種古地圖，「臺中」的誕生很晚，幾乎在全臺各縣市的最後一名。本章用十三張臺灣古地圖，顯示「臺中」是如何進化而來，應該說如何被人論述，被人「叫出來」。（參閱前面各圖）

圖一：一五九二年東南亞地圖、一五九五年東印度圖（是一五九六年東印度水路誌之一）；**圖二：一五九八年東南亞水路圖**（Cornelis Doedtsz 繪）。這時，臺灣呈現三個方塊小島（圈圈內），臺中地區應在中間方塊內，雖有人類活動，但臺中是不存在的！

圖三：一六二六年的中華王國圖（The Kingdome of China），裡面呈現了世上第一張臺灣島圖，仍被畫成三個小島，福爾摩沙（I. Formosa）、小琉球（isl. Lesser Legueo）和未標

名的島。本圖原載於 John speed（1552-1629）出版的 A prospect of the Most Famous Parts of the World 地圖集，這是英國人出 版的第一本世界地圖集，乃根據 Jodocus Hondius 1609 年的「中國地圖」繪刻而成。本圖中，臺中還是不存在！

圖四、五、六、七、八：是康熙、雍正、乾隆時代的臺灣地圖，此其間，地圖上均未出現臺中字樣，但臺中地圖其他地名已出現者如：圖四有大肚社、水里社、大甲社、沙鹿社、牛罵社；圖五大肚社；圖六也有大肚社、牛罵社、大甲社、沙轆社。

圖七是山水誌，有大肚山、沙轆山、牛罵山和貓霧捒山。注意「貓霧捒」正是臺中市的古地名，圖八也有前面各社。

圖九、十：大甲社、牛罵社等，及水里庄、新庄、大肚山、沙鹿港、大甲塘、鐵砧山、大里杙庄，以及第一次出現「貓霧捒庄」，臺中就快誕生了。

圖十一：是光緒六年（一八八〇）臺灣主要縣城圖，臺中尚未形成一個縣城。

圖十二：是光緒十七年**「臺灣地輿總圖」**，有重要的意義。原來光緒十一年（一八八五）九月五日，清廷建臺灣省，以劉銘傳爲第一任巡撫，省會設於臺灣縣橋仔圖（今臺中市南區），但因設備未周，巡撫暫駐臺北，直到光緒十七年（一八九一），臺北府建設完成，省會才自臺中移往臺北。

但「臺中」二字在何種情境下形成的?臺灣有北、中、南的概念始於乾隆時代，當時只稱北路、中路、南路。要到光緒元年（一八七五）十二月，沈葆楨奏准「臺北府」成立，以後把臺灣的北部叫「臺北」，中部叫「臺中」，且知道「中間地位」的重要。光緒七年（一八八一年），閩撫岑毓英巡視臺灣，研究臺灣的戰略地位，欲建城於東大墩（今臺中市），並建大甲溪橋，就是爲居中控制的重要。

圖十三「光緒欽定大清會典圖」中之「臺灣省全圖」。這張圖的重要在「臺中」二字第一次出現在現代地圖，當然，地圖地名的出現必定比實際狀況晚了很多。光緒二十五年（一八九九），臺灣已割日多年了，光緒的地圖加「臺中」二字，只是個心理安慰。實際狀況如何?臺灣建省時，省會已設在臺中，又隔兩年，光緒十三年（一八八七年）八月十七日，劉銘傳、楊昌濬奏請臺灣重設爲三府、一州、十一縣、三廳。九月八日詔可：

△臺灣府：領臺灣（臺中）、彰化、雲林、苗栗四縣及埔里社廳。

△臺南府（原臺灣府）：領安平（舊臺灣縣）、鳳山、恆春、嘉義四縣及澎湖廳。

△臺北府：領淡水、新竹、宜蘭三縣及基隆廳。

△臺東置直隸州。

從前面歷史可知臺中在歷史上曾叫「臺灣」，曾屬諸羅縣和彰化縣，在康熙、雍正時代，臺灣縣（臺中）下有九個堡（大肚上、中、下堡；揀東上、下堡；貓羅堡、南投堡、北投堡、南興堡），以上的大肚下堡在鄭成功時代就已開拓。

以上講的都是臺中的「前世」，「臺中」二字正式在地圖上誕生，還是本章圖十三光緒帝的臺灣省全圖。以本圖爲準，臺中從誕生（一八九九年），至今（二〇一二年），才一百一十三年，相較臺灣各縣市，算是最年青的。

第二章　清代臺中地區的開拓（二之一）

臺中地區的開發雖早在明鄭時期，例如明末已有「大肚下堡」建成，但有規模的開拓，則是有清一代。在程大學編著《臺灣開發史》有些零星記載，臺中地區經整理如下。

△康熙四十年（一七〇一），漳州人來大肚開拓，粵人開墾大甲鐵鑽山一帶。相傳鄭成功屯兵大甲，這裡也是道卡斯族所在地。

△康熙五十五年（一七一六），岸裏社番阿穆（本文後稱「阿莫」），請墾開拓臺中盆地二百多平方公里的荒地。

△康熙六十年（一七二一），一批漢人移住臺中附近海岸地區。

△雍正元（一七二三），設彰化縣，臺中地區（大甲溪以南）劃歸縣屬。

△雍正二年（一七二四），閩人來墾後壠（苗栗）到大甲一帶；泉州人吳洛墾拓霧峰庄。

△雍正十年（一七三二），陳周文開拓貓霧捒東堡（今東勢到豐原一帶）。

△雍正十二年（一七三四），漳浦人林成祖來臺，初居大甲，拓地漸廣，歲入穀萬石。

△乾隆七年（一七四二），漳州人林江在大里杙庄（今大里地區）開墾，不久發展到貓羅新村（貓羅、阿罩霧，都是今之霧峰，爲劉銘傳改稱，延用至今）。

△乾隆十五年（一七五〇），晉江人吳洛、遊幕臺郡，招墾臺中盆地，先拓丁臺之野，次及阿罩霧、萬斗六，遠至南北投庄。

△乾隆五十一年（一七八六），林爽文起事於大里杙。（林爽文事件波及霧峰林家始祖林石，後述。）

△乾隆五十九年（一七九四），江福隆拓墾罩蘭屯埔（今臺中石岡東北大安溪、大甲溪之間）。

△道光五年（一八二五），東勢角（今東勢）及葫蘆墩（今豐原），有男女番七百人遷移埔里。

△道光九年（一八二九），羅樹成開拓大突寮祀田（今臺中市南區一帶，本區原是巴布薩平埔族居住地，後全族移埔里。）

△光緒七年（一八八一），閩撫岑毓英巡臺，欲建城於東大墩（臺中），居中控制，

並建大甲溪橋，計費二十萬元。

△光緒十年（一八八四），中法戰爭，法艦進逼基隆，法軍大舉進犯獅球嶺、大武崙、月眉山陣地，法將孤拔（Anatole Courbet）在仙洞登陸，林朝棟等迎戰。（林朝棟，霧峰林家，和林獻堂同輩，後說。）

△光緒十一年（一八八五），臺灣建省，省會在臺灣府臺灣縣橋仔圖（今臺中市南區）。（正式詔可核定於光緒十三年九月八日）

△光緒十四年（一八八八），林鳳鳴墾拓頭汴坑等 地（今臺中太平一帶）。

△光緒十五年（一八八九），春，建臺灣府考棚及宏文書院於臺中城；次年建磺溪書院於大肚。

△光緒二十年（一八九四），中日朝鮮戰事，林朝棟率十營守獅球嶺。

△光緒廿一年（一八九五），三月二十三日簽訂馬關條約，臺灣割日。按條約，兩年內臺民去留聽便，至光緒二十三年五月八日限滿，臺中縣離臺內渡有三百零一人，未遷徙者均視爲日本臣民。

同年，五月三十日，日軍陷新竹。邱逢甲、林朝棟先後內渡；七月四日，大甲陷；七月七日，臺灣府（臺中）陷。

以上是臺中地區數百年來的開拓過程，若干個別的零星記錄。臺中地區（原臺中縣、市，今已合稱臺中市），其東部大多山區，大約太平、大坑、豐原南北之線以東地區，一半以上是山區，和平區更有很多二千公尺以上高山；中部一帶是丘陵，西部是臺中盆地、丘陵及平原。河川由北向南，有大安溪、大甲溪和大肚溪（與彰化為界）。港口有大安港、臺中港。

原住民方面，山地有泰雅族。平地居住的平埔族在臺中地區有四個系統族群。（詳見文末附錄總表）

㈠平埔族拍瀑拉族，著名的社是大肚社（今大肚）、水裡社（今龍井）、沙轆社（今沙鹿）、牛罵頭社（今清水）。

㈡平埔族巴則海族，著名的社有岸裡大社（今神岡）、葫蘆墩社（今豐原）、大馬僯社（今東勢）、阿里史社（今潭子）、烏牛欄社（豐原田心里一帶，道光三年移居埔里。）。

㈢平埔族道卡斯族，著名的社有大甲西社（今大甲）、日南社（今大甲幸福里）。

㈣平埔族巴布薩族，著名的社有貓霧拺社（今臺中市南區）。（有些文獻寫成「貓務拺社」，意義相同，都成了臺中市的古地名稱謂。）

另外還有很多小社族群（見本書附錄「臺中地區古地名源由」）。

貓霧捒社是平埔族「麻烏沙」的諧音，該社正確位置在臺中市南屯區，這裡明末稱犁頭店，康熙時設堡，乾隆時把「貓霧捒堡」改成「捒東上堡」，「貓霧捒西堡」改成「捒東下堡」，另設「大肚堡」。

南屯一帶日據後改南屯庄，民國三十一年麻園頭、土庫二部落編入臺中，光復後改南屯鄉，民國三十六年二月五日因臺中市區擴大範圍，全鄉改爲南屯區。

臺中地區的範圍和行政區劃歸屬，在歷史上很不確定，在清朝初期劃歸諸羅縣（嘉義縣，鄭成功時稱天興縣，清朝改諸羅縣）。雍正元年（一七二三），設一府四縣二廳，加設淡水廳、澎湖廳及彰化縣，臺中西部平原以大甲溪爲界，以南歸彰化縣，以北屬淡水廳。

到光緒元年（一八七五），大甲溪以北改歸新竹縣。到臺灣建省時，設臺灣府、臺灣縣，省會在臺中市，三級政府都在一起，大甲溪以南屬臺灣縣；而從彰化縣分出的苗栗縣，管轄大甲溪以北地區。

臺中地區的行政歸屬變動之大，洽如臺灣的命運。等到臺灣割日，倭人治臺，設臺中州，範圍更大（後述）。

清代臺中的開拓分三個時期。初期從明鄭時代到清朝初期，鄭成功收回臺灣後，在臺中地區也有一些開拓，和原住民產生接觸難兗有衝突。例如，明水曆二十四年（康熙九年、一六七〇年），時鄭經當國，劉國軒鎮壓沙轆社、大肚社，不少原住民逃到水沙連（今日月潭、埔里地區）。以及不堪康熙實施海禁，許多開拓又成荒廢。收回臺灣成爲清朝中國版圖後，不出數年，又有不少墾民到臺中地區墾拓，初期是一個「探險」的大時代。

第二期從康熙時代開始，最重要的代表性事蹟是康熙五十五年（一七一六），岸裏大社土官阿莫請墾貓霧捒社附近尚未開發的土地，範圍相當大，北起大甲溪南岸，南到大墩之西（今臺中市西屯），西起沙鹿，東到頭科山（今新社中興嶺山區），總面積達二百多平方公里，等於是現在臺中市區的精華地帶。到底誰有這麼大的氣魄，先談談岸裏社。

以豐原爲中心，分布大甲溪南部一帶的平埔族各社中，坐鎮盟主地位的「岸裏大社」，往昔漢人稱「岸裏社」，當時並以岸裏社爲拍宰海族（巴則海族）之總稱。岸裏社內又分岸東社、岸西社、岸南社、西勢尾社、蔴裡蘭社、翁仔社等諸多小社。康熙三十四年（一六九五），岸裏社頭目潘氏成爲第一代土官。

張達京像：羅漢腳張達京與岸裏社頭目阿莫的女兒結婚，獲得大片土地，成立墾號，招攬很多佃農開墾，擔任首位通事；曾與潘敦仔一起到北京朝拜乾隆皇帝。

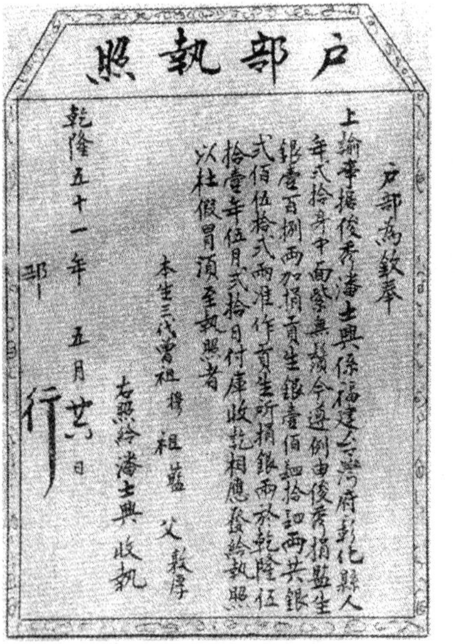

戶部執照

戶部為欽奉
上諭事據俊秀潘士興係福建台灣府彰化縣人年貳拾身中面黧無鬚今遵例由俊秀捐監生銀壹百捌兩加捐貢生銀壹佰捌拾捌兩共銀貳佰伍拾貳兩准作貢生所捐銀兩於乾隆伍拾壹年伍月貳拾日付庫收訖相應發給執照以杜假冒須至執照者
本生三代曾祖樽 祖藍 父敦厚
右照給潘士興收執
乾隆五十一年五月 日
部 行

受漢化教育後，平埔族人亦重視功名，此為岸裡社人潘士興捐納例貢生的執照。

信牌

縣

岸裡社總土官阿莫請墾貓霧捒一帶，獲准後諸羅縣府發給岸裡社的信牌。

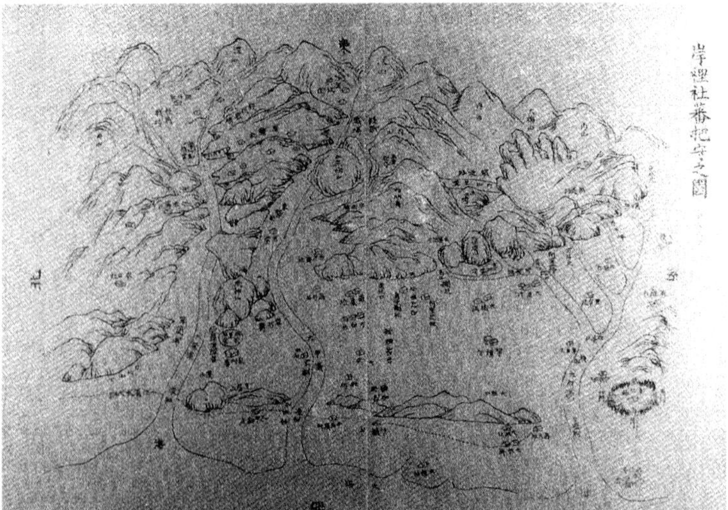

乾隆 51 年的岸裡社番把守圖

第二代土官叫「阿藍」，第三代叫「墩仔」。墩（敦）仔天資溫良，通曉大義，被舉爲岸裡各社總通事。乾隆三十五年十一月，乾隆特賜「大山仁」之名，由北路理蕃同知張所受頒與「率類知方」扁額，部落的舊姓「畢拉哈」都改成潘姓。

潘敦仔像：岸裏社頭目潘敦仔（1705-1771）是土官阿莫的孫子，當上土官後，配合時代趨勢，開墾自己的土地，自任墾首，一再招募佃農開墾大安溪南側大片土地，並曾到北京面見乾隆皇帝。

當時有一位羅漢腳張達京，常在岸裏社出入，有一回大社發生瘟疫，張達京曾習中草藥方知識，協助救治許多人，阿莫爲表感謝，將女兒嫁給他，臺中平埔族是母系社會，土地資源由女兒繼承，許多漢人都設法聚平埔族女兒，未來可得大筆財產，張達京也因此從羅漢腳變成大地主，他又有經營長才。

張達京另外成立「張承祖」墾號，後改稱「張振萬」，大量從大陸引進墾民，因他是客家人，招來的多是客籍移民，在今神岡、大雅一帶開拓，建立了十四座客家庄，奠定了臺中盆地的開拓基礎。

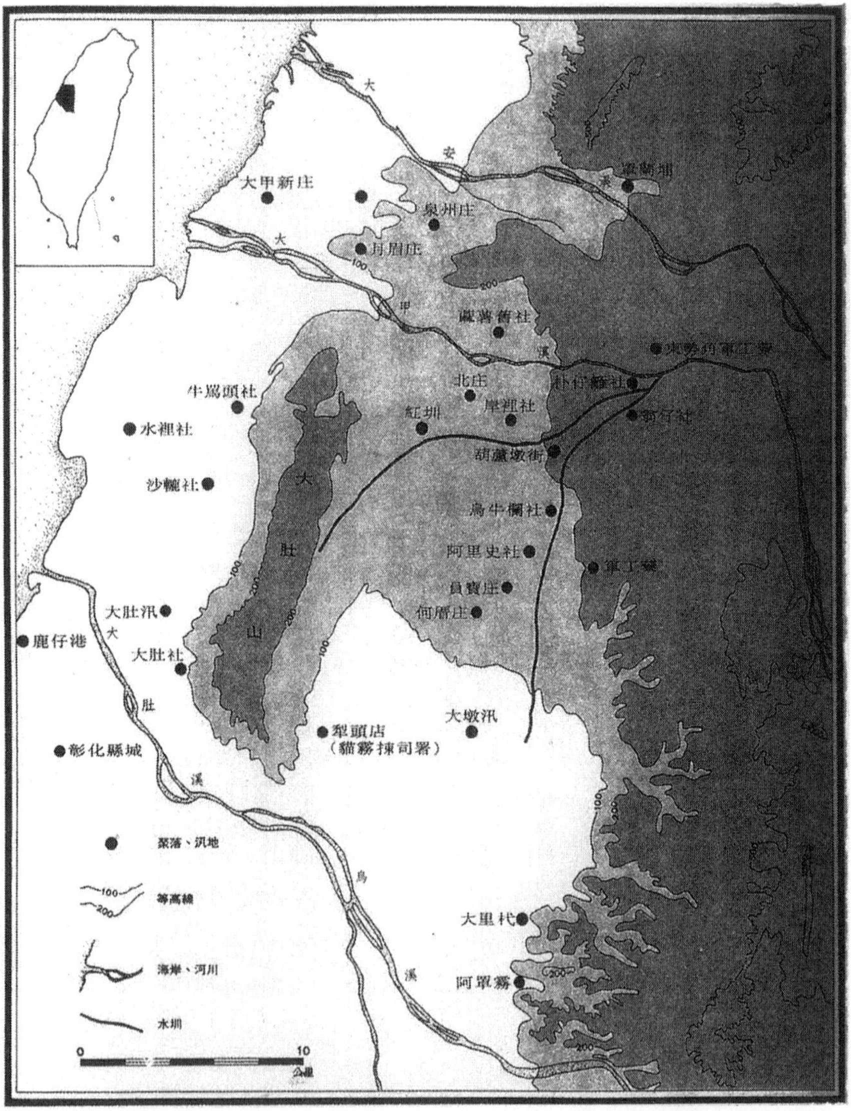

十八世紀末葉的岸裡社族群聚落。(採自陳秋坤〈十九世紀初期土著地權外流問題〉,《臺灣歷史上的土地問題》頁54,中央研究院臺灣史田野研究室,1992年12月出版。

馬階（George Leslie Maclay）來臺時所拍的平埔族人

平埔族婦女織布圖

彰化縣大肚等社熟番及番婦，即拍瀑拉族人。（採自《清職貢圖選》（臺中尚未設縣治前曾是彰化轄區）

彰化縣西螺等社熟番及番婦，即巴布薩族人。（採自《清職貢圖選》）

淡水廳德化等社熟番及番婦，即大甲地區的道卡斯族人。（採自《清職貢圖選》）

淡水廳竹塹等社熟番及番婦，即新竹地區的道卡斯族人。（採自《清職貢圖選》）

雍正三年（一七二五），張達京被授予岸裏社第一任通事，承上轉下，使他得到更多權力，就想做更大的開展。他進而開圳，開挖「貓霧捒圳上埤」，結合另外五個墾首的力量，投資六千六百兩，引大甲溪水灌溉三千多甲田地。此時，張達京提出換水割地策略，將灌溉用水引至需要的地區，交換地主土地，獲利極大，換得許多原住民的土地。

乾隆十六年（一七五一），彰化發生原住民出草，殺死數官兵。福建巡撫查得真相，是張達京等越界墾地，強占原住民土地，欺壓剝削，才造成平埔族逞兇殺人。於是革除張達京通事職位，強迫遷回內地原籍，廣大田產充公。次年，張達京被迫回祖居地，大甲溪南岸的客家籍族群失去靠山，很多遷移到更東部的東勢角（今東勢），也促成了臺中東部地區的開發。

乾隆五十五年（一七九〇），墾民在大安溪沿岸修建長達二百多公尺的堤防，這是清代臺灣的第一個防洪工程。又過數十年，大甲溪提防也完成，對臺中地區的早期開發貢獻很大。

清代臺中地區的第三期開拓，就是霧峰林家的故事，下章專章講述。

附紙：臺灣平埔族系統分佈

一、西拉雅族：

㈠西拉雅支族：1.赤嵌社（臺南市）、2.臺窩灣社（臺南市安平區）、3.新港社（臺南縣新市鄉社內村）、4.目加溜灣社（嘉溜灣社、灣裏社，臺南縣安定鄉安定、安西、安加等村）、5.蕭壠社（歐王社，臺南縣佳里鎮漳州、海澄等里）、6.麻豆社（臺南縣麻豆鎮晉江、巷口、中興、興農、新建、油車、大埕、南勢等里）、7.大目降社（木岡社，臺南縣新化鎮武安、東榮、護國、太平、中央、觀音、竹林、清水等里）、8.大武壠社（大武壠頭社、二社、大壠社，臺南縣善化鎮東關、文冒、南關、西關、北關、文正等里→大內鄉頭社村）、9.卓猴社（臺南縣山上鄉）、10.噍巴哖社（噍吧哖社、噍吧年社，新化鎮𨛦拔里→玉井鄉玉井、玉田等村）、11.芋匏社（芋匏頭社，新市鄉大社村）、12.直加弄社（安定鄉）、13.學甲社（學甲鄉）。

㈡馬卡道支族：1.大傑巔社（高雄縣路竹鄉社東、社中、社西等村）、2.放索社（放續社、阿加社，高雄縣大社鄉大社村↓屏東縣林邊鄉田厝、崎峰、水利等村）、3.上淡水社（大木蓮社、大木連社，屏東縣萬丹鄉社皮、社上、社中、社口等村）、4.阿猴社（啞猴社，高雄市↓屏東市）、5.下淡水社（麻里麻崙社，屏東縣萬丹鄉社上、社中、社口等村）、6.搭樓社（屏東縣里港鄉搭樓、潮厝等村）、7.茄藤社（奢連社，屏東縣南州鄉萬華村）、8.武洛社（大澤機社、尖山仔社，里港鄉茄苳、載興等村）、9.力力社（屏東縣崁頂鄉）。

㈢四社平埔：1.加拔社（茄發社、茄拔社，臺南縣善化鎮嘉北、嘉南等里）、2.霄裏社（臺南縣玉井鄉豐里村）、3.芒仔芒社（玉井鄉三和、望明等村）、4.頭社（大年哖社，臺南縣大內鄉頭社村）。

二、洪雅族

㈠魯羅阿支族：1.倒咯嘓社（倒咯國社）、哆囉嘓社（臺南縣東山鄉東山、東正、東中等村）、2.諸羅山社（嘉義市）、3.他里霧社（雲林縣斗南鎮）、4.猴悶社、5.柴裏斗六社（斗六社、斗六門社、柴裏社，雲林縣斗六鎮忠孝、仁愛等里）、6.貓兒干社（麻芝干社，雲林縣崙背鄉豐榮村）、7.打貓社（嘉義縣民雄鄉東榮、中樂、西安等村）、

8.南社（村南社，崙背鄉西榮、南陽、崙前等村）。

㈡阿里坤支族：1.大武郡社（彰化縣社頭鄉舊社、松竹、東興、廣福等村）、2.貓羅社（彰化縣芬園鄉舊社村）、3.北投社（南投縣草屯鎮北投里）、4.南投社（南投縣南投鎮）、5.大突社（彰化縣溪湖鄉大突里）、6.萬斗六社（臺中縣霧峰鄉萬豐、舊正、峰谷、大股等村）。

三、巴布薩族：

1.東螺社（彰化縣埤頭鄉元埔村）、2.二林社（彰化縣二林鎮東和、西平、南光、北平等里）、3.阿東社（啞東社，彰化市香山、牛埔等里）、4.貓霧拺社（麻霧拺社，臺中市南屯區）、5.眉裏社（眉社二社，彰化縣溪州鎮舊眉村）、6.半線社（彰化市）、7.柴仔坑社（大肚溪口→彰化市國聖里）、8.馬芝遴社（彰化縣鹿港鎮）、9.西螺社（雲林縣西螺鎮漢光里）。

四、拍宰海族：

㈠岸里社群：1.岸東社（臺中縣神岡鄉大社村）、2.岸西社（同上）、3.岸南社（同上）、4.葫蘆墩社（臺中縣豐原市翁子、翁明、翁社等里）、5.西勢尾社（豐原市社皮）、6.翁仔社（同上）、7.麻里蘭社（狸裡蘭，同上）、8.岐仔社（同上）、9.蔴薯社（麻薯舊社，臺中縣內埔鄉舊社）。

㈡撲仔籬社群：1.社寮角社（臺中縣石岡鄉萬興村）、2.大湳社（豐原市大湳）、3.水底寮社（臺中縣新社鄉水底寮）、4.山頂社（新社鄉馬力埔山頂）、5.大馬僯社（臺中縣東勢鎮新盛里）。

㈢阿里史社（臺中縣潭子鄉潭秀、潭北、潭陽等村）。

㈣烏牛欄社（烏牛難社，臺中縣豐原市田心里）。

五、拍瀑拉族：

1.大肚社（大肚南北中社，臺中縣大肚鄉新興、大東、大肚、永和、礦溪、頂溪、福利等村）、2.水裡社（水裏社，臺中縣龍井鄉龍泉村）、3.沙轆社（遷善社、迴馬社，臺中縣沙鹿鎮居仁、洛泉、沙鹿、美仁等里）、4.牛罵社（感恩社，臺中縣清水鎮鰲峰、靈泉、清水等里）。

六、道卡斯族：

1.大甲西社（大甲社、崩山社、德化社，臺中縣大甲鎮義和里）、2.大甲東社（臺中縣外埔鄉大東村）、3.日南社（南日社，大甲鎮幸福、日南、龍泉等里）、4.日北社（苗栗縣苑裡鎮日北里）、5.雙藔社（寮社，大甲鎮建興里）、6.房裡社（房裏社，苑裡鎮北房、南房等里）、7.貓盂社（興隆社，苑裡鎮中正、客庄等里）、8.苑里社（宛里社，苑裡鎮苑東、苑西、苑南、苑北、四平等里）、9.吞霄社（吐霄社，苗栗縣通霄鎮通東、通西、平元等里）、10.後壠社（後隴社，苗栗縣後龍鎮南龍、中龍、北龍等里）、11.新港社（新港仔社，後龍鎮校椅、埔頂、新民、復興等里）、12.中港社（中港仔社，苗栗縣竹南鎮中港、中江、中成、中華、中英、中美等里）、13.貓裏社（貓裡社、貓閣社，苗栗鎮中苗、青苗、綠苗、高苗、新苗、玉苗等里）、14.加志閣社（加至閣社、嘉志閣社，苗栗鎮玉茫、嘉盛等里）、15.竹塹社（新竹市）、16.眩眩社（新竹市福林、武陵等里）、17.礁嘮巴社。

七、凱達格蘭族：

1.淡水社（上淡水社，淡水鎮水源里社厝坑）、2.毛少翁社（麻少翁社，臺北市士林區永平、倫等、三玉等里）、3.里族社（臺北市松山區舊宗、新聚等里）、4.內北投社（北投社、內北頭社，臺北市北投區公仙、長安、中正、中央、溫泉、光明、中心等里）、5.外北投社（外北頭社，臺北縣淡水鎮北投里）、6.奇里岸社（郢里岸社，臺北市北投區風度、立農等里）、7.巴琅泵社（大浪泵社、圭泵社，臺北市大同區鄰江、福環、福境、文昌、老師、大同、新塘、保安、保生等里）、8.奇武卒社（圭母卒社、奎府聚社，臺北市大同區）、9.麻里折口社（錫口社、麻里即吼社、毛里即吼社、貓裏即吼社、麻里錫口社，臺北市松山區頂松、有福、豐祿、上壽、富全等里）、10.蜂仔峙社（房仔嶼社、蜂仔嶼社，臺北縣汐止鎮江北里番社庄）、11.金包裹社（金包里社、金包裡社，臺北縣金山鄉磺港村）、12.武勝灣社（武溜灣社、勝非灣社，臺北縣新莊市海山、全安、文衡、興漢、榮和、文德、文明等里）、13.雷裏社（雷里社、雷裡社，臺北市雙園區全德、壽德、興德、美德等里）、14.繡朗社（雷朗社、秀朗社、挖仔社，新北市永和、中和二市）、15.里末社（臺北市龍山區）、16.擺折社（擺接社，新北市板橋市社後、中正等里）、17.瓦烈社（三峽鎮溪北里挖子）、18.八里分社（八里坌社，新北市八里鄉埤頭、頂罟、舊城、訊塘、荖阡等村→臺北市北投區）、19.坌社（小八里分社，淡水鎮竹圍、八勢等里）、20.瑪陵坑社（基隆市七堵區瑪東、瑪南、瑪西等里）、21.三貂社（山朝社，新北市貢寮鄉龍門村）、22.雞柔社（雞洲山社、雞柔山社，淡水鎮義山、忠山等里）、23.大雞籠社（大雞社、雞籠社，基隆市中正區社寮、和寮、平寮等里）、24.小雞籠社（新北市三芝鄉八賢、埔頭、古庄等村）、25.大洞山社（圭北屯社、大屯社，淡水鎮屯山里）、26.八芝蓮社、27.大加臘社、28.搭搭攸社（答答攸社、塔塔悠社，臺北市松山區永泰里）、29.南港社（新北市蘆洲鄉正義村，或曰臺北市南港區東新里番子埔）、30.荖釐社、31.木喜巴壠社、32.八百盆社、33.沙蔴廚社（紗帽廚社，臺北市龍山區）、34.了阿八里社（龍匣口社，臺北市古亭區花圃、愛國等里）、35.嗄嘮別社（臺北市北投區一德、桃源、稻香等里）、36.南嵌社（南崁社，桃園縣蘆竹鄉山鼻村）、37.龜崙社（桃園縣龜山鄉楓樹、新洛、龜山等村）、38.坑仔社（蘆竹鄉坑子村）、39.霄裏社（霄裡社，桃園縣八德鄉竹園、霄裡等村）。

八、噶瑪蘭族

1.奇蘭武蘭社（熳魯難社、奇班宇難社、期班女懶社，宜蘭縣礁溪鄉二龍村）、2.期尾笠社、3.肉生社（奇覔省社）、4.踏踏社（達普達社、倒麥倒麥社，礁溪鄉玉田村）、5.抵把葉社（都巴嫣社、抵馬悅社、八知買驛社、巴抵馬悅社，礁溪鄉德陽村）、6.新仔罕社（新那罕社、辛也罕社、新仔羅罕社，壯圍鄉功勞村）、7.蔴支鎮落社（瑪立丁洛社、毛社陳縣社、蔴里陳轆社、貓里藤角社，合併於珍仔滿力社）、8.抵美簡社（都美簡社、八知美簡社、巴抵女簡社，頭城鎮）、9.奇武暖社（幾穆蠻社、奇武煖社、奇五律社，礁溪鄉光武村）、10.珍珠美幹社（丁魯哩幹社、珍汝女簡社、陳雷女簡社，冬山鄉珍珠村）、11.抵美福社（抵美鶴社、抵羨福社、沈美閣社，壯圍鄉美福村）、12.棋立丹社（幾立穆丹社、奇立丹社，礁溪鄉德陽村）、13.奇武荖社（幾穆撈社、奇毛宇老社、奇武流社，冬山鄉三奇村）、14.礁嘮貓社、15.巴咾吻社（巴撈屋社、巴老鬱社，員山鄉惠好村、16.抵美抵美社（都美都美社、芝密社、抵密密社，壯圍鄉美間村）、17.新仔羅罕社（新那嚕罕社、礁仔壠岸社、礁礁人岸社，宜蘭市新生里）、18.基密丹社、19.丁仔難社（冬仔爛社、徵也難懶社）、20.其沓沓社、21.南搭吝社（瑪魯煙社、毛搭吝社，冬山鄉群英村）、22.八陳雷社、23.打蚋米社（達拉糜社、多凹尾社、礁嘮密社，冬山鄉永美村）、24.宇馬氏社（奇宇貓氏社）、25.加禮遠社（嘎里阿完社、佳笠苑社，五結鄉秀水村）、26.卓高屘社（搭龜滿社、毒龜晚社）、27.哆囉岸社（打那岸社、打那軒社，羅東鎮新群里）、28.擺離社（擺立社、擺里社、脾釐社，員山鄉進士村）、29.歪仔歪社（外仔外社、歪阿歪阿社，羅東鎮仁愛里）、30.珍仔滿力社（賓那瑪拉社、屏仔貓力社、賓那貓力尾社，員山鄉進士村）、31.貓對武社（馬荖武煙社、瑪拉胡嫣社、毛老甫淵社、貓勝府偃社，冬山鄉武淵村）、32.打朗巷社（達魯安社、礁轆軒社，五結鄉鼎橄村）、33.掃笏社（沙豁社、東拂社、削骨社，五結鄉興成村）、34.奇立板社（幾立板社、奇立援社、奇直板社，壯圍鄉廍後村）、35.婆區辛仔宛社（巴嚕新那完社、八里沙滳社、巴老臣那浮社、巴嘮辛仔員社，五結鄉新店村）、36.匏渡灣社、37.哆哆里遠社（哆囉妙婉社、哆囉美仔遠社，壯圍鄉大福、新社等村）、38.里荖社（里腦社、女老社、里劉社，冬山鄉補城村）、39.猴猴田寮社（高高社、猴猴社，蘇澳鎮新華、龍德等里）、40.賓仔扣難社（賓耶知懶社）、41.四勝灣社（四老完社、須老員社）、42.搭籠奇社、43.武罕社（穆罕穆罕社、勿罕勿罕社、毋罕毋罕社，冬山鄉羣英村）、44.麻里目罕社（瑪嚕穆罕社，壯圍鄉功勞、廍後等村）、45.高東社、46.留留仔莊社、47.打馬烟社（達媽嫣社，頭城鎮竹安里）、48.流流社（撈撈社，五結鄉新店村）、49.奇澤簡社（里德簡社，五結鄉利澤、下福等村）、50.簡了咾社、51.污泥肴社、52.貓姜淵社、53.馬麟社（貓乳社、打鄰社，礁溪鄉瑪僯村）、54.勝援丹社（勝拔丹社）。

第三章　清代臺中地區開發第三時期

——霧峰林家的故事（二之二）

霧峰林家是臺灣五大家族之一（餘四大是：板橋林家、高雄陳家、基隆顏家、鹿港辜家）。五大家族各有其起家發展基地，霧峰林家自雍正時期第一代祖林石到大里杙庄（今臺中大里）墾拓，又在霧峰發達，數百年來開展出龐大事業，自然是對臺中地區開發影響極大。

本文首先把霧峰林家從第一代開臺祖，到第七代林獻堂的家族譜系，概略整理如附表，方便與文字陳述參照。

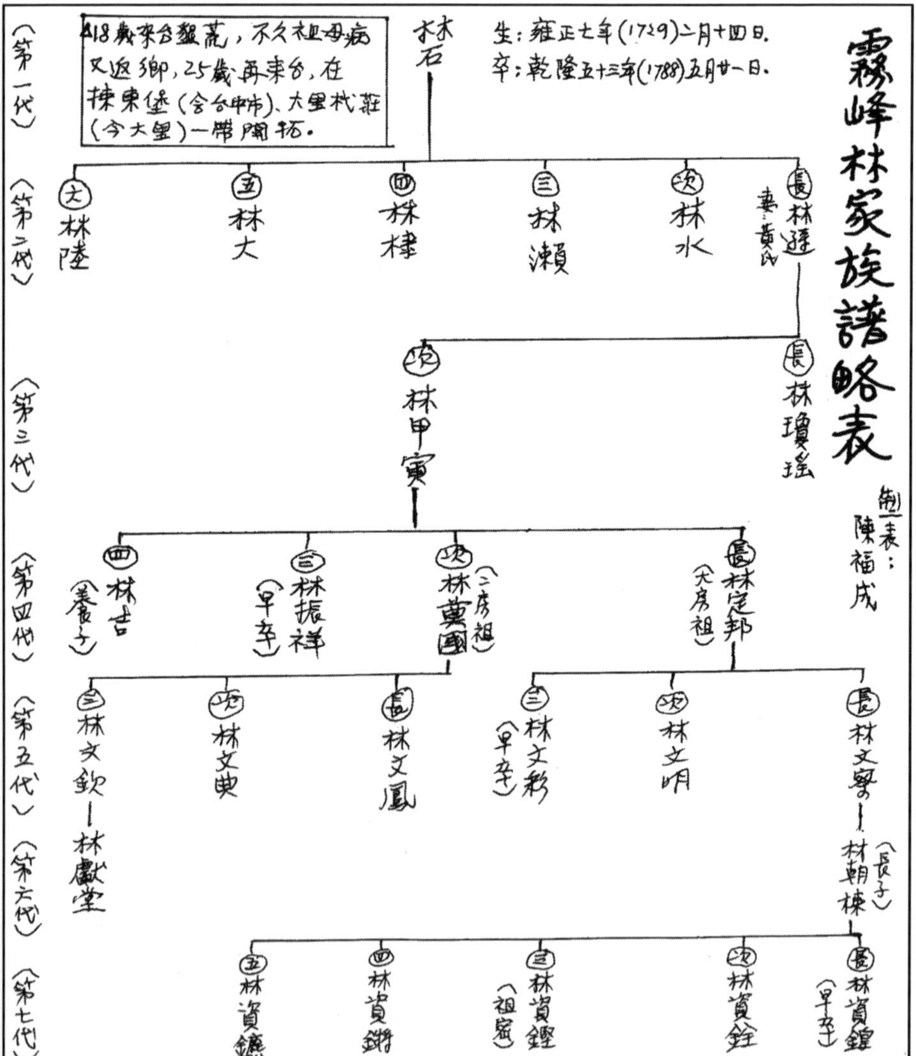
霧峰林家族譜略表
製表：陳福成
林石
生：雍正七年(1729)二月十四日。
卒：乾隆五十三年(1788)五月廿一日。
18歲來台墾荒，不久祖母病又返鄉，25歲再來台，在揀東堡（含台中市）、大里杙莊（今大里）一帶開拓。
（第一代）
（第二代）
（第三代）
（第四代）
（第五代）
（第六代）
（第七代）
長 林遜 妻：黃氏
次 林水
三 林瀨
四 林棣
五 林大
六 林陸
長 林瓊瑤
次 林甲寅
長 林定邦 （大房祖）
次 林奠國 （二房祖）
三 林振祥 （早卒）
四 林吉 （養子）
長 林文察
次 林文明
三 林文彩 （早卒）
長 林文鳳
次 林文典
三 林文欽
林朝棟 （長子）
林獻堂
長 林資鍠 （早卒）
次 林資銓
三 林資鏗 （祖密）
四 林資鏘
五 林資鑣

《林文察傳》

林文察塑像

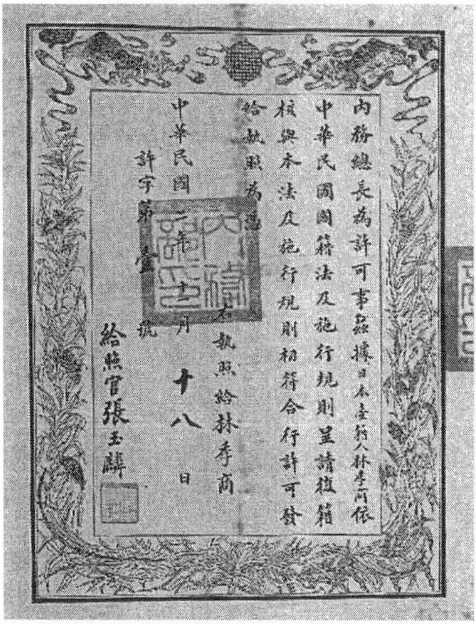

內務總長為許可事案據日本臺灣人林季商依
中華民國國籍法及施行規則呈請復籍
核與本法及施行規則相符合行許可發
給執照為憑 右執照給林季商
中華民國 二年 十二月 十八 日
許字第壹號
給照官張玉麟

內務部核發林季商恢復中華民國國籍執照

林朝棟像

林祖密與家人在廈門鼓浪嶼宅園留影

任命狀

任林祖密為

閩南軍司令 此狀

中華民國海陸軍大元帥 孫文

中華民國七年一月六日

孫文任林祖密為閩南軍司令任命狀

青年的林祖密

閩南軍隨營學校第一屆畢業紀念

1931（昭和 6）年 4 月 26 日，櫟社 30 年大會與會人士與新鑄之紀念鐘合影。

林文欽（允卿）銅像

梁啟超與其女兒合影

林文欽著官服畫像

雍正三年（一七二五），清廷依康熙時期對臺灣的開放政策，進一步檢討臺灣各社鹿場的閒曠之地，開放給漢人開拓。此後的數十年，興起的閩、粵移民熱潮，不絕於途，大海不能阻止人們拓展新天地的壯志。

臺中霧峰林家的開臺祖林石，就是這波移民之一。林石，福建漳州府平和縣五寨墟莆坪社人。十歲喪父，二年後其母繼亡，林石上奉祖母，下撫弱弟，頗得鄰里稱道。乾隆十一年（一七四六），年才十八歲的林石與人結伴，渡臺墾拓，不料祖母信到，又匆促返回故鄉。七年後，祖母莊氏卒，林石年二十五，毅然獨行，重新踏上開拓新天地之險途。

林石一到臺灣，即深入揀東堡大里杙庄（今臺中市大里地區），經數年努力開拓，田產漸富，乃在三十二歲之年迎娶小他十四歲的陳氏。乾隆二十二年（一七五七），林石回原籍平和省墓，後與其弟都來臺開拓，先後成家，各治其業。

乾隆五十一年（一七八六）十一月，爆發林爽文事件，爲霧峰林家投下巨變。林爽文原籍平和（即林石同鄉），也是大里杙庄人，結天地會抗清，遂謀起事。林石爲其族長，得知此事，力勸：「這是滅族事，胡可爲？」勸之未果。

很快林爽文事件被大將軍福康安平定，林爽文等被捕，林石亦受牽連被捕，審訊時福康安問林爽文曰：「汝不過一匹夫，竟敢謀大逆！豈無勸止之人嗎？」爽文答以：「眾人都想奉我爲王，博取富貴；唯有族長林石力勸不可謀反。」於是福康安命釋放林石，並歸還抄沒入官的財產，給核六品軍功，於乾隆五十三年（一七八八）五月廿一日出獄。

有關林石勸止林爽文與繫獄，在《欽定平定臺灣紀略》和《霧峰林氏族譜》有相關紀錄。林石，生於雍正七年（一七二九）二月十四日，卒於乾隆五十三年（一七八八）五月廿一日，享年六十歲。其育有六子：長林遜、次林水、三林瀨、四林棣、五林大、六林陸。他們卒後，均葬於阿罩霧莊後山。

林爽文事件亦使林石諸子受到連累，長子林遜回故鄉死於莆坪；五子林大隨侍，死於府城。其他四子分居太平等處。

林遜有二子，長林瓊瑤，次林甲寅。事件過後，林遜之妻黃氏，帶二子至阿罩霧莊重新開拓田地，後來林瓊瑤事業無大的作爲，事蹟不可考。林甲寅在大里杙經商得意，發了大財，並開拓黃竹坑（今太平草湖溪上游），成爲一方大地主。

林甲寅卒於道光十八年（一八三八）十二月，年僅五十七歲。林甲寅育有三子，長定邦、次奠國、三振祥，另有養子四吉。三子振祥青年早逝，霧峰林家的發展乃以定邦、奠國兩房爲主，即一般所知的頂厝（奠國）、下厝（定邦）。

大房祖林定邦和二房祖林奠國在當時都已是臺中地區一方大地主。定邦生有三子，文察、文明、文彩。三子文彩早亡，未建功業；文察官至福建水陸路提督，文明官至副將。

二房祖林奠國，生有文鳳、文典、文欽三子。光緒初年，文典、文鳳先後逝世，順唐由文欽領導，即林獻堂之父。以下略說這兩房的建功立業，及對臺中地區的開發貢獻。

林文察事蹟較爲常見，在《清史列傳》、《福建通志》、《清史稿》、《臺灣通史》（連橫）、《霧峰林氏族譜》及《林文察傳》均有記述。林文察奉旨內渡平定太平軍，殉難於漳洲萬松關，清廷予謚「剛愍」。長子林朝棟以世職襲騎都尉，援例納貲晉敘兵部郎中。光緒十年（一八八四），中法戰爭期間，法軍進犯臺灣北部，林朝棟統領「棟字軍」，力戰法軍於獅球嶺、大武崙、月眉山陣地。

臺灣建省後，林朝棟任「開山撫蕃」要職，整個臺灣中部地區都是撫墾範圍。劉銘傳建省城於臺灣府臺灣縣橋仔圖（今臺中市南區），由劉銘傳勘定基址，周圍約十一華里，先由林朝棟會同臺灣縣黃承乙籌議，光緒十五年（一八八九）興工，至光緒十七年略成，因劉銘傳去任，城工遂終止。

一九〇四年林朝棟病逝上海，年五十四歲。朝棟育有五子：長資鍠（幼卒）、次資銓（仲衡）、三資鏗（季商）、四資鏘（子佩）、五資鑣（瑞騰）。由三子林季商承續林朝棟的軍政事業。

林季商，譜名資鏗，號式周，又號祖密，他的春秋定位是撤銷日本國籍，加入中華革命黨，國父孫中山先生任命爲閩南軍司令，協助討袁護法。祖密並曾任大元帥府武官、大本營參議、福建水利局長，可惜民國十四年被邪惡軍閥李厚基暗殺，年僅四十八歲。民國二十九年中央政府追念撫恤，並以其革命事蹟載入黨史。民國五十四年，中國國民黨旌揚義烈，特頒「忠烈永式」匾額。

霧峰二房祖林奠國之後，頂厝系由三子林文欽領導。中法戰爭時，文欽亦有戰功，但文欽在林家發展史上最大不同，在光緒十九年（一八九三）考取恩科舉人，爲頂厝林家棄武從文之關鍵。其後，築「萊園」於霧峰山麓，孝養母親羅太夫人，成爲臺灣重要的私人園邸。日據時期，更成爲臺灣第一詩社「櫟社」及社會、文化運動的活動場所。在倭人異族統治期間，櫟社更以發揚我中華民族氣節著稱，堪稱臺灣詩壇的中流砥柱。

林文欽之子獻堂，始終是當代臺灣文化界聞人，他在宣統三年（一九一一）四月，邀梁任公（啓超）一行來臺，住霧峰「萊園」多日，是文化界盛事。在倭人異族據臺期間，他保存中華文化亦有功焉。戰後曾任省參議員、省府委員、彰化銀行董事長、省文獻會主任委員、臺灣省通志館館長。林獻堂在國史、在中華民族春秋史，應有一定的定位，可惜他的晚節要受到一些「扣分」。

民國三十八年九月，林獻堂以療病爲由離臺赴日，次年竟以政治受難者身份，獲准永久居留日本。此後數年，不斷有丘念臺、蔡培火、何應欽親自到日本，及嚴家淦、張群等人以書信，力勸林獻堂回臺，林都予以推辭未歸。最後一次民國四十四年十月六日、十一日、十四日，蔡培火又到日本一再勸說，林皆不答，蔡亦不悅。終於，林獻堂向蔡培火說出不歸的理由：

臺中參議會成立紀念，前排左8林獻堂。

危邦不入，亂邦不居。曾受先聖人之教訓，豈敢忘之也。臺灣者，危邦、亂邦也。豈可入乎，居乎。

蔡培火聞此，出乎意料之外，遂不敢再勸，匆匆辭去。民國五十四年九月，林獻堂病逝於日本。其靈骨由長子攀龍迎奉返臺，葬於霧峰萊園林氏家墓。

春秋之筆，秉公論述，林獻堂先生對臺灣文化貢獻至大，邀梁任公訪臺對臺灣文化界、對民族精神之鼓舞，均有功焉。但晚年之行誼，可以說他「遺棄」了臺灣；與其先祖林季商申請撤銷日本國籍相較，林獻堂的春秋定位要受到大大扣分，乃至受到批判。

殊不知患難才見真性情、真人品，臺灣當時確實「危邦」，但考驗忠孝節義就在這時候，不是嗎？

1911 年梁任公來臺，與林獻堂等中部詩人合影，
地點就在今臺中霧峰林家的「萊園」。

第四章　日據時期臺中市與臺中州建設概要

滿清政府的腐敗無能，竟把臺灣割讓給倭人，臺民雖有抵抗，但那裡是正規大軍的對手！不久倭國即控制了全島，當然就要幹起牠們的事業。

光緒二十二年（一八九六年），四月一日倭人第一位總督樺山資紀廢除臺灣軍政，設三縣（臺北、臺中、臺南）一廳（澎湖），臺灣歸由新設置的拓務省管理。

次年（光緒二十三）再改地方制度，變更為六縣（臺北、新竹、臺中、嘉義、臺南、鳳山）及三廳（宜蘭、臺東、澎湖）。

再次年（光緒二十四），又改成三縣（臺北、臺中、臺南）、三廳（宜蘭、臺東、澎湖），下轄四十四個辦務署。到光緒二十七年（一九〇一）又廢各縣署，全島分二十個廳。

民國九年（一九二〇）七月二十七日，地方制度再改五州、二廳，下轄三市、四十七郡。本文僅略說臺中市、臺中州在倭人治臺期間，若干實體構想和建設。

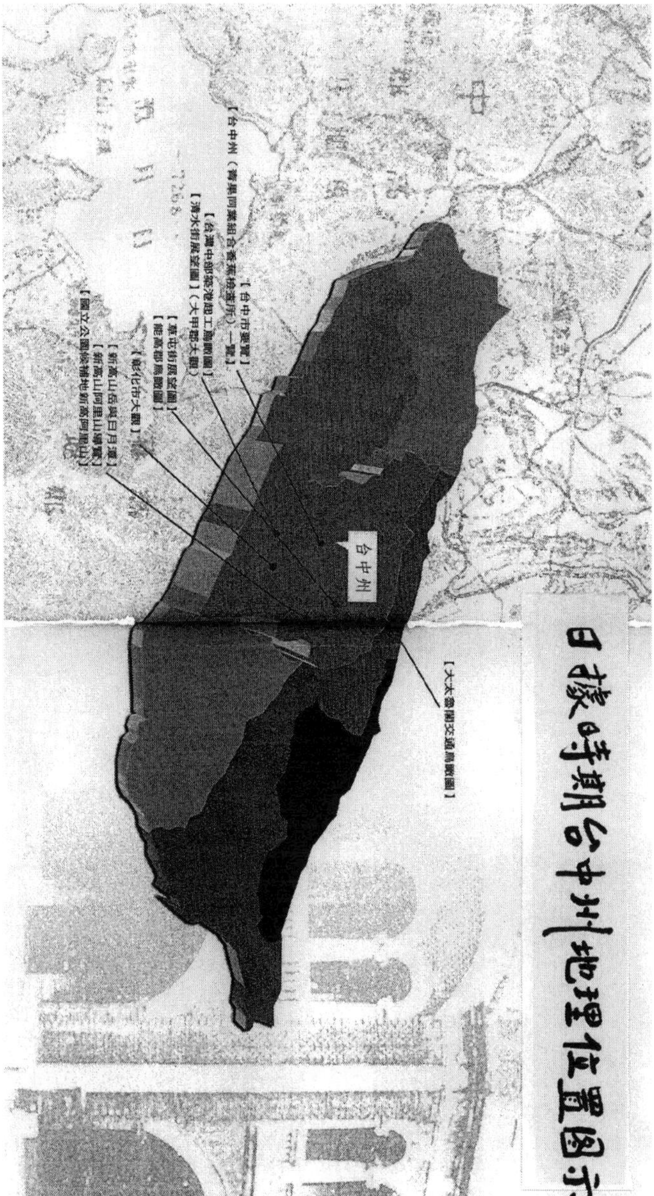
日據時期台中州地理位置圖示
台中州
【台中市要覽】
【台灣中部築港起工鳥瞰圖】
【清水街展望圖】（大甲郡大觀）
【草屯街展望圖】
【能高郡鳥瞰圖】
【彰化市大觀】
【新高山岳與日月潭】
【新高山阿里山導覽】
【國立公園候補地新高阿里山】
【大太魯閣交通鳥瞰圖】

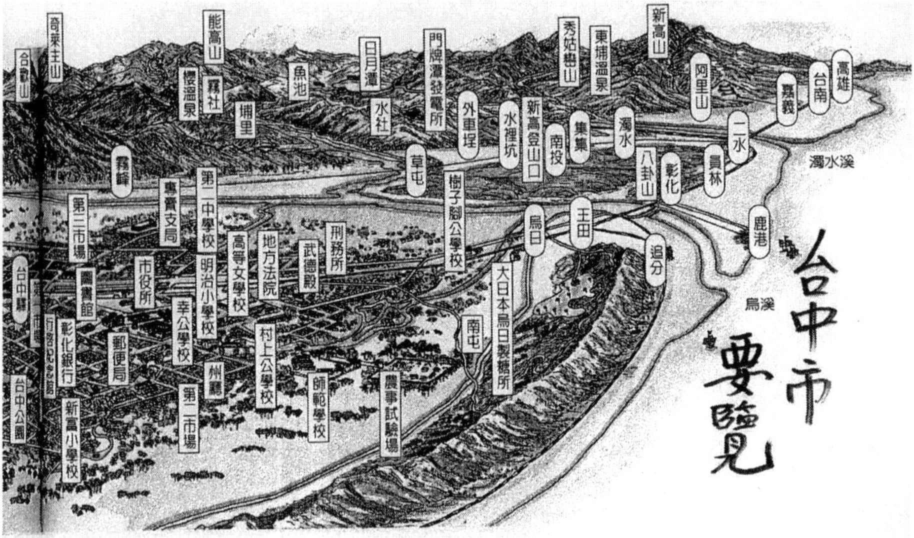
台中市要覽
合歡山
奇萊主山
能高山
霧社
櫻溫泉
埔里
魚池
日月潭
水社
門牌潭發電所
外車埕
水裡坑
新高登山口
秀姑巒山
東埔溫泉
新高山
集集
南投
濁水
阿里山
高雄
台南
嘉義
二水
員林
八卦山
彰化
濁水溪
鹿港
霧峰
草屯
樹子腳公學校
專賣支局
第一中學校
第三市場
台中驛
第一市場
圖書館
市役所
高等女學校
地方法院
武德殿
刑務所
烏日
王田
追分
明治小學校
幸公學校
行啓記念館
彰化銀行
郵便局
台中公園
新富小學校
第二市場
州廳
村上公學校
師範學校
農事試驗場
南屯
大日本製糖所
烏溪

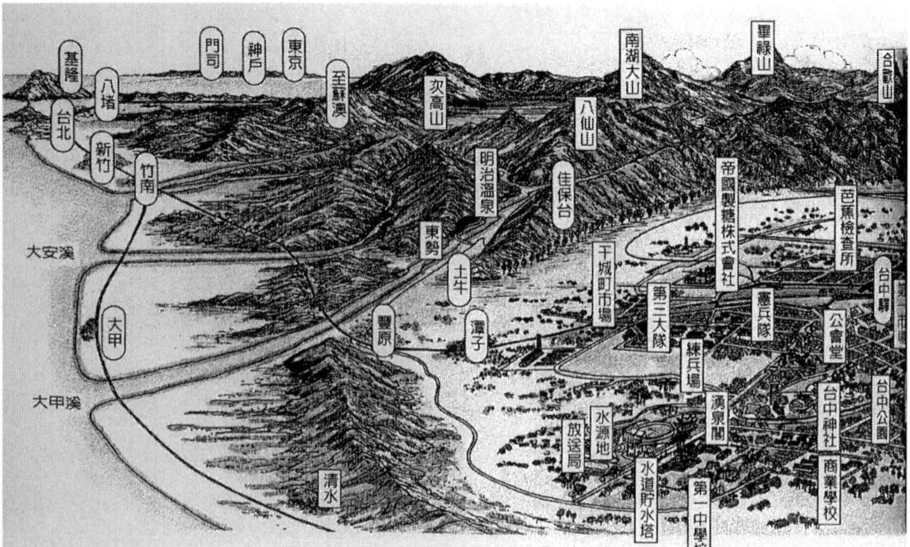
基隆
八堵
台北
新竹
竹南
門司
神戶
東京
至蘇澳
次高山
南湖大山
八仙山
畢祿山
合歡山
明治溫泉
佳保台
東勢
土牛
豐原
潭子
大安溪
大甲
大甲溪
清水
帝國製糖株式會社
芭蕉檢查所
干城町市場
第三大隊
憲兵隊
練兵場
台中驛
第一市場
公會堂
台中公園
台中神社
水源地
放送局
湧泉閣
水道貯水塔
第一中學校
商業學校

台中市新盛橋通
（今台中市中山路）

鳥瞰臺中市，圖中的建築物即臺中州廳社。

■台中行啓紀念館，為紀念名人皇太子來訪而築。

臺中湧泉閣，後來折移後不知於何時消失。

臺中公園中的雙亭

八仙山林場

台中綠川兩岸風情，日治時有小京都的雅稱。

台中柳川，可以看見剛整治後筆直的河川。

台中農業倉庫

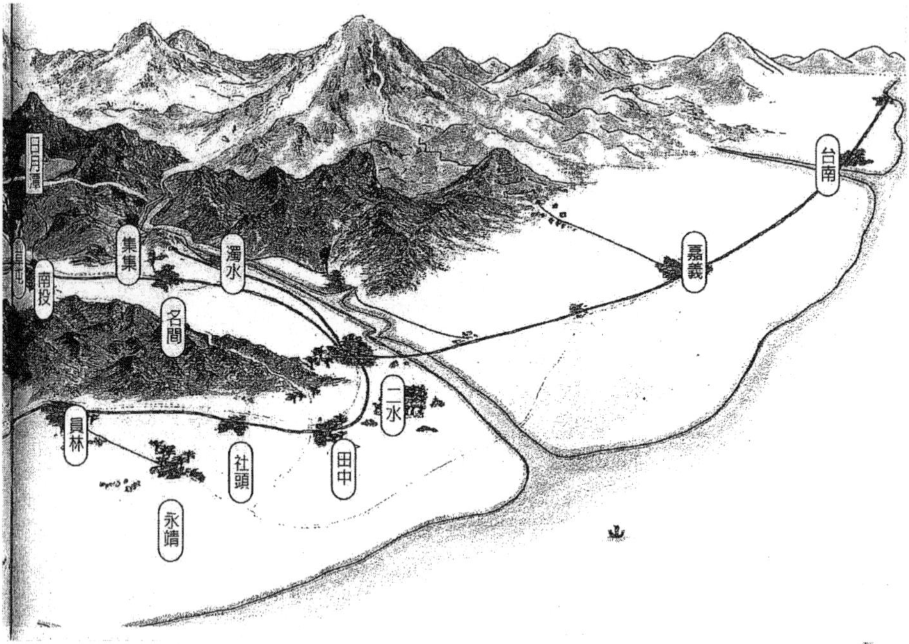

日月潭
台南
嘉義
集集
濁水
南投
名間
二水
員林
社頭
田中
永靖

八仙山
霧社
日月潭
南投
大甲
豐原
潭子
台中
王田
南王田
追分
彰化
清水
鹿港

臺中市要覽

臺中盆地在當時傳統聚落少，空曠荒野多，有利於倭人思考都市建設。計畫的軸心線，是鳥瞰圖上最寬廣的一條大馬路，北到豐原，南通彰化，大道穿過市中心路段稱「大正町通」（今自由路）。

與大正町通構成交叉的是從「臺中驛」（第一代臺中火車站）起，直向外的「櫻橋町通」（今中正路）。此處是臺中市自古以來，最繁華的商圈，街道兩側鈴蘭路燈並排，叫「鈴蘭隧道」。第一市場、市營貸店鋪、娛樂館（戲院）、行啓紀念館（紀念倭人太子），都在這條街上，也就是從今天的火車站走到龍心百貨、遠東百貨一帶。這裡的商舖以倭人經營居多，故也稱「倭人町」。

臺灣人的市街都集中在「干城町市場」到車站的聚落區，屬木造兩層店家，也是很繁榮的商圈。

臺中市的官方機構都在南區（見要覽圖右側）「如刑務所、地方法院、專賣局、學校，而民國二年（一九一三）竣工的臺中州廳，則蔚爲臺中市的地標，甚爲壯觀（見圖照），在當時算是領先群倫的建築。

許多老一輩的臺中人（含筆者），對「臺中公園」定有深刻的記憶，公園內小小的雙亭，在許多介紹臺灣地區風景史料上，臺中公園的雙亭都成了臺中的象徵「圖騰」。當然任何都市計畫少不了公園，但臺中公園在一九〇八年縱貫鐵路通車時，乃做爲皇族代表的休憩所。

臺中公園外圍是「水源地」，臺中市人口在一九〇九年時，倭人約五千，臺灣人約六千餘，到一九三六年總數約七萬人。臺中市未接近河川，水源來源全靠掘井取水，在水源地建有「水道儲水塔」，用幫浦汲水，直接送到住戶，解決了都市用水問題。

「湧泉閣」原是清代的「考棚」，因倭人進攻臺中地區時，用爲指揮中心，具有「勝利者」的歷史紀念意義，刻意移建保留在水源地內，改名「湧泉閣」。

臺中市的都市計畫特別留住兩條自然溝渠，使都市內有水流意象，增加都市空間視覺的美感。站前的綠樹帶稱「綠川」，軸心線大道外一條叫「柳川」，筆者小時候（約七、八歲）常在這一帶童玩，那時候（約民國四十八、九年間）建築少，人口不多，這一帶還算「小橋流水、風光明媚」。後旅居外地，半個世紀後再回故地一看，已是人山人海，找不到原來的記憶，真是滄海桑田，變遷太快了！

出火車店過綠川才進入街心，綠川上有數座跨橋，以第一市場附近的櫻橋最壯觀，橋頭立有搭形燈座，高過附近建物。

臺中州概說

歷史上以「臺中」二字命名的行政區，「臺中州」的範圍最大。北起大甲溪，南到濁水溪畔，東接到中央山脈群峰，這片廣大的地方，倭人全都劃入臺中州範圍，下轄彰化郡、員林郡、北斗郡、能高郡和新高郡。

在鐵路通車後，海線標出大甲、清水和追分；山線有豐原、潭子、臺中和王田（今成功）。山海線交會南下彰化，中間的南王田已廢站。向東延伸至各大山，豐原往八仙山有林業線，次從臺中叉出輕軌線赴草屯、南投、二水、再自二水深入山區，這是經濁水、名間到集集的集集線鐵路。

能高郡和新高郡位於中央山脈群峰林立地帶，埔里是能高郡主要街庄中心，並以能高山（海拔三二五二公尺）爲最高座標。能高郡以八仙山爲界，南接新高郡，佔地雖廣，卻概屬高山地區。

「川中島」（見後圖），是霧社事件後，強制遷村的集中部落，共有一九八名「保護蕃」移住這裡。從國姓到埔里，首遇「龜子頭」，清代在此建立禁碑，嚴防漢人越境以免和原住民發生衝突，但日久還是形成自然聚落。

中部大港「新高港」啓建

臺灣南北古來都有天然良港，但中部獨缺大港，遂有在大甲、大肚兩溪間的舊梧棲港興建大港的計畫。

按倭人治臺的構想，他們準備興建的中部大港是工、商、漁三港共構的全臺第一大港，並定名爲「新高港」。但吾人也須注視「背後」的原因，新高港開工之前，總督府已宣佈皇民化、工業化、南進基地化等三大政策，也就是臺灣一切建設是在配合軍國主義向南侵略擴張的須要，這才是建設的背後動力。

民國二十八年九月二十五日，新高港開工儀式在清水街舉行，清水郵便局前搭起牌樓，慶祝餐會在清水街役場二樓的社會館，倭人據臺總督小林躋造親臨主持，會後大隊人馬前往新高港預定地（見臺灣中部築港起工鳥瞰圖）。

新高港的第一期工程，到民國三十一年完成，周邊道路已趨完備。但隨著太平洋戰爭爆發，次年中、美、英發表「開羅宣言」，倭人對戰爭已陷入困境，對工程進度自然是不利。第二期工程已無力動工，完工的部份建設不久又被海水、流沙、淤泥等完全淹沒。所謂的「全臺第一大港新高港」，隨著侵略野心被摧毀而破滅。

清水街概觀

縱貫鐵路海線最大站是清水站（見清水街展望圖），大甲和沙鹿分置南北，街道規模以清水街居首。因爲民國二十四年臺中州發生大地震，清水傳統屋舍幾乎全倒，乃有重新規劃建築的機會。

海線鐵路一過大甲溪是甲南（今改臺中港），清水驛（第一代火車站都叫驛）偏離市中心，因爲所有機關學校都集中在縱貫公路兩旁，即今之清水中山路。郵便局、小學校、清水街役場、郡役所等都在同一街上。

清水神社是一九三七年創建，當時大戰已開打，各地區須要總動員，以向倭國天皇誓死效忠。按倭國在發動戰爭之前後，已在臺灣進行幾種不同方式的動員、效忠，主要如：

△民國二十六年九月十日，總督府設立國民總動員本部。

△同年九月二十七日，臺灣人軍伕開始調赴中國戰場，真是悲哀，中國人被迫去打中國人。

△民國二十七年五月三日，總督府宣佈在臺灣實施「國家總動員法」。

△民國三十年四月十九日，「皇民奉公會」成立，由倭人總督擔任總裁，積極推展「皇民化運動」。

滅人之國，必先滅其文化和信仰。倭人當然深知其妙，遲早要消滅這塊土地上所有不屬於倭人之文化和信仰。在臺灣各地大建「神社」只是其「皇民化」的一部份，目的在使臺灣人產生對倭人天皇的信仰，這是一種「冷水煮青蛙」手段，假以時日，必將使所有臺灣人都不知道「我是誰？」，只知自己是「皇民」。幸好，五十年臺灣重回中國，又成爲中國的一個省，至今仍是「臺灣省」；假如叫倭人統治百年，「皇民化」就大功告成，永遠回不了中國。

清水神社竣工前兩年，民國二十四年四月廿一日，臺中州發生七級大地震，清水最慘重。原先瓦房紅磚屋瞬間全毀，新公共建築引用鋼筋水泥，並改建到縱貫公路旁，清水街重建大約兩年完工。

再看山線重鎮豐原，火車北上過大甲溪到后里，附近有「內埔庄」，有「日糖月眉工場」（大倭國製糖）。

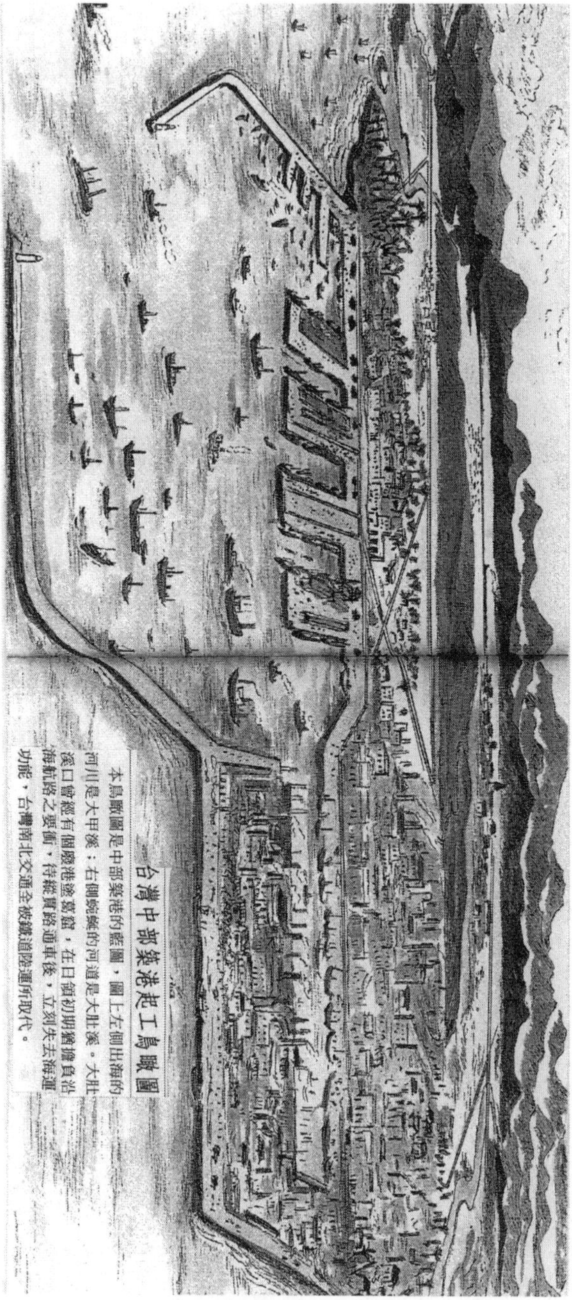
台灣中部築港起工鳥瞰圖
本鳥瞰圖是中部築港的藍圖，圖上左側出海的河川是大甲溪；右側蜿蜒的河道是大肚溪。大肚溪口曾經有個廢港塗葛窟，在日領初期猶擔負沿海航路之要衝，待縱貫路通車後，立刻失去海運功能，台灣南北交通全被鐵道陸運所取代。

1913年落成的臺中州廳（今臺中市政府）。

橫越大甲溪之橋樑

台中帝國製糖株式會社

臺中測候所

新高港起工儀式

臺中港開築後發行的紀念明信片一套四張，其中有一張鳥瞰圖。（郭雙富提供）

大甲溪

玉山群峰

日月潭

臺中櫻橋町通（綠川橋塔）

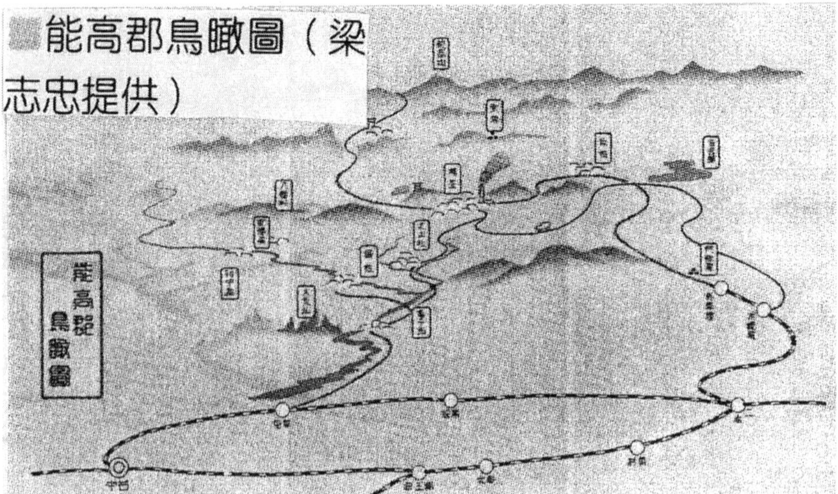

能高郡鳥瞰圖（梁志忠提供）

埔里街

武界堤堰

霧社街景

初代臺中駅（臺中停車場，即第一代台中火車站）

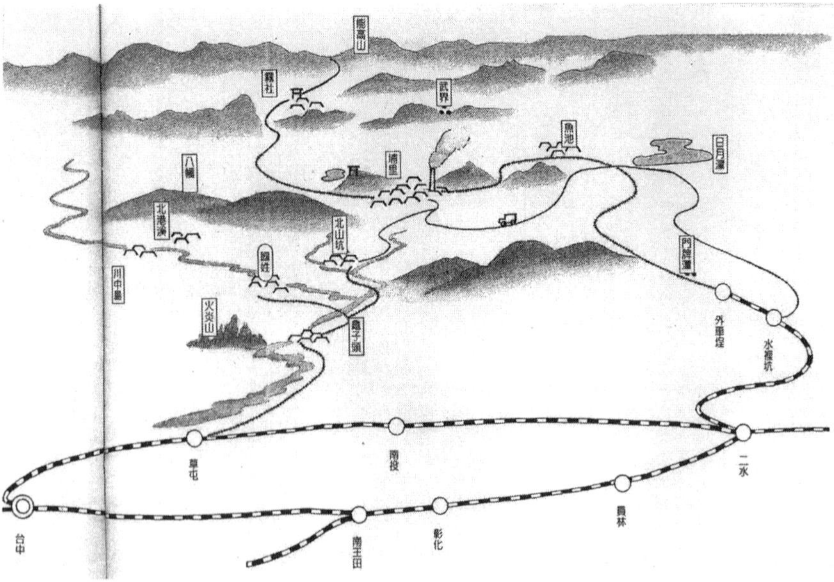

臺中座

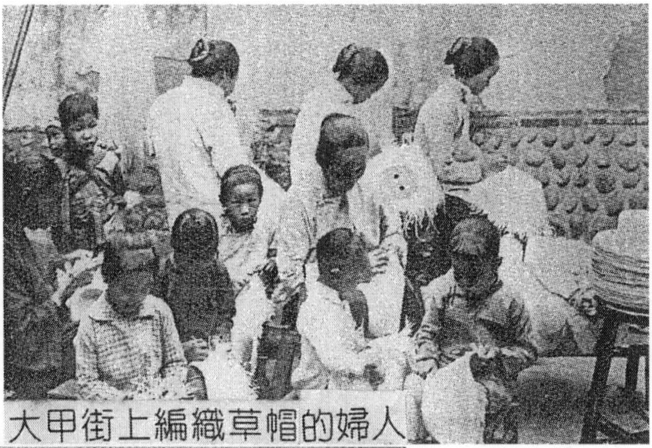

大甲街上編織草帽的婦人

清水公學校

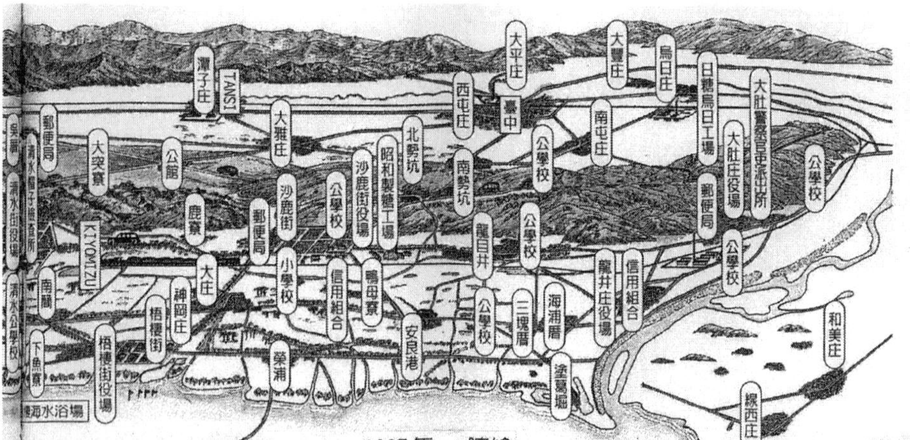

1937年 一晴繪

清水街展望圖（大甲郡大觀）

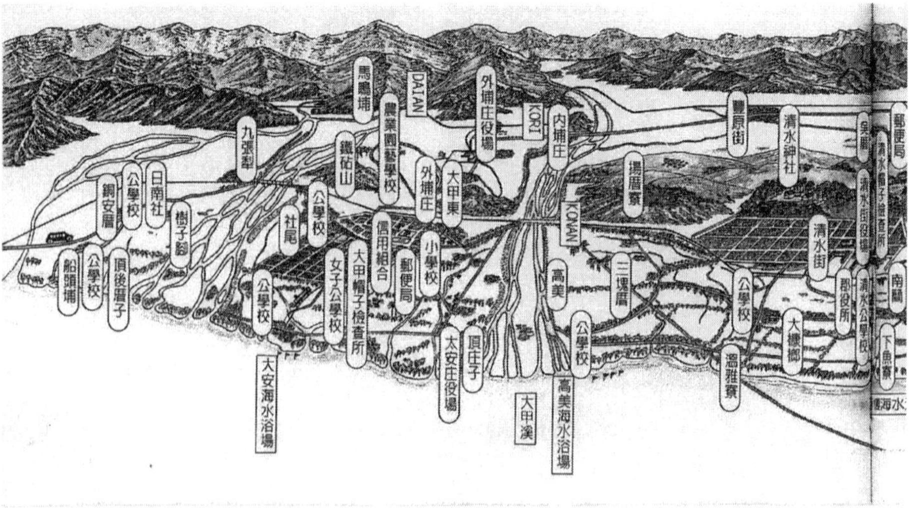

水源地儲水塔（臺中水源地）

清水水源地附近之小橋流水

大甲郡役所

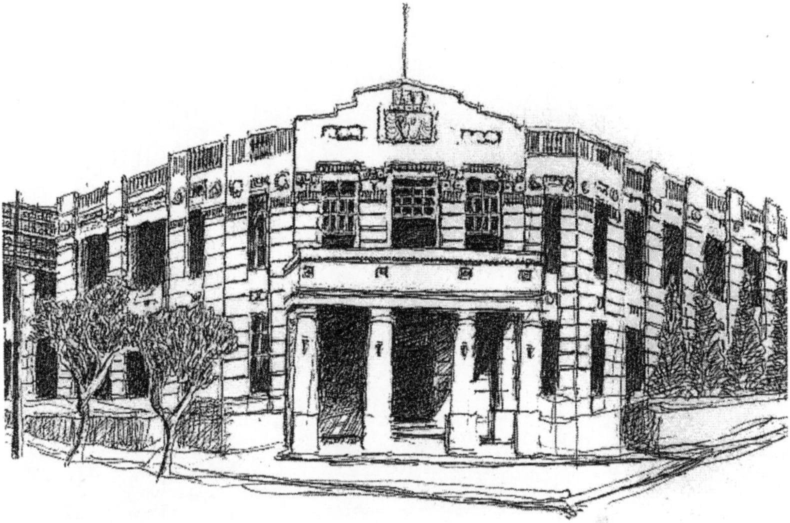

臺中行啟紀念館

新泰安車站

清水街景

臺中大正町通

臺中臺灣新聞社

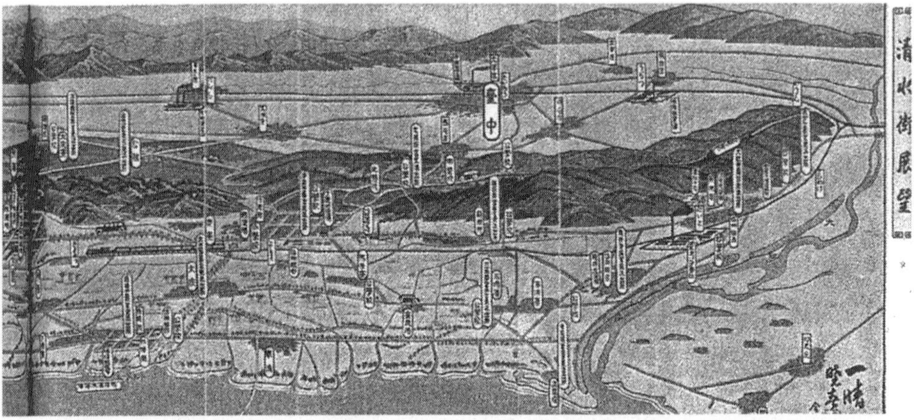

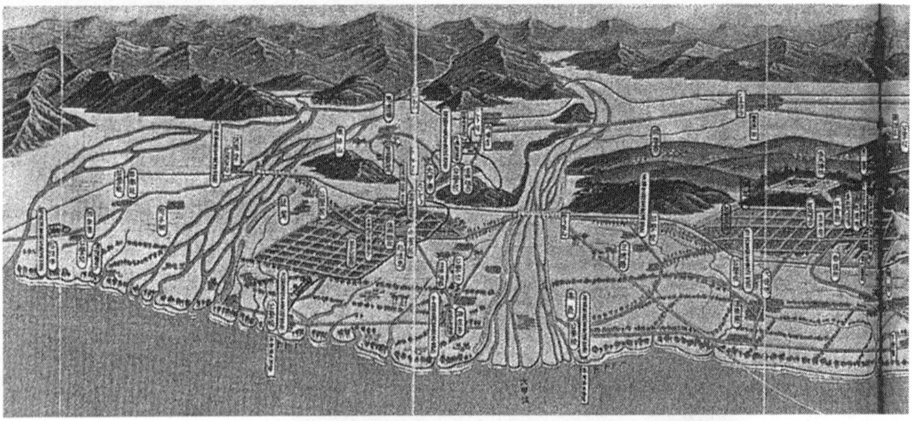

清水街展望圖與大甲郡大觀鳥瞰圖的名稱不同但卻是同一版。（郭雙富提供）

后里上一站大安，今名「泰安」，在大地震時也全毀，水泥磚造是災後重建，今舊山線已改道，泰安廢站，已無火車經過。

從豐原乘火車南下，第一站是潭子，有「帝糖潭子工場」（倭國製糖），再下一站便是臺中站。關於臺中古早的一些記憶，再看下二章。（以上臺中市手繪圖片引自，李欽賢，《臺灣城市記憶》（玉山出版，二〇〇四年三月）

第五章 找尋臺中市已經「入土」的記憶

臺中市按地理位置再區分東、西、南、北、中及西屯、南屯、北屯等八個區，這是光復後改制的區劃。

△**南區**：由日據時老松、若葉兩區合置而成。

△**北區**：原是大墩街之一部份，民國二年改臺中街，三十一年改劃新高區、梅枝區，光復後合成北區。

△**西區**：日據時明治、大和兩區合置而成。

△**東區**：由日據楠區、高砂兩區合成。

△**中區**：由日據時大正、初音兩區合成。

△**南屯區**：「屯」原是「墩」，明末稱犂頭店，因很多製犂店鋪而得名。日據改南屯庄，光復後置南屯鄉（不屬臺中市），民國三十六年二月五日併入臺中市，改爲南屯區。

△**北屯區**：明末稱三十張犁，日據稱北屯庄，光復後改北屯鄉，併入臺中市後改北屯區。

△**西屯區**：日據時叫西大墩，後改西屯庄，光復後改西屯鄉，再改隸臺中市西屯區。

臺中市的開發雖在明鄭時代，就有早期墾拓的足跡，到清代也有一些建設，如臺灣府、省城、考棚等，但似乎年代太久遠了。再挖掘也挖不出東西來了。倒是日據時代，年代不算太久，東西雖已「入土」，尚能挖出一起記憶。根據李欽賢《臺灣城市記憶》一書，略說如下：

臺中測候所

臺中測候所就是氣象臺，開設於一八九六年（割臺次年），觀測樓塔設計成方形，臺北和臺南都是隔年後才設氣象臺。臺中測候所如今只剩一張照片，原址已是「一十一影城」鬧區。

第二代臺中驛

第一代叫「臺中停車場」，照片和實物均未見，手繪圖見上章。臺中停車場在一九〇五年六月十日葫蘆墩、臺中間鐵路通車已存在。一九一七年磚造的「第二代臺中驛」落成，第一代的木造臺中停車場，便永遠入土爲安，永不與世人再見，連一張照片也未留下。

綠川橋塔

一九一一年臺中市第三次都市計劃，綠川截彎取直，並留住柳川。綠川在各主要街道上架橋，由北而南分別是干城橋、櫻橋、新盛橋、榮町橋、大正橋，其中和車店正面垂直的是櫻橋和新盛橋。

櫻橋接櫻橋町通（今中正路），新盛橋連接新盛橋通（今中山路），都是倭人之商店區，設計格外別緻，以櫻橋最壯觀。

綠川只是一條小小溝渠，但櫻橋橋頭有四座高聳碑塔（見照片），這是橋頭燈飾臺座，頂著五盞大燈，也算是一種進步。

櫻橋町通（中正路）直通車站，故計劃上是第一等道路，氣派也就大些。照片朝車站方向，兩側是紅磚商店街，橋左後方是臺中第一消費市場。

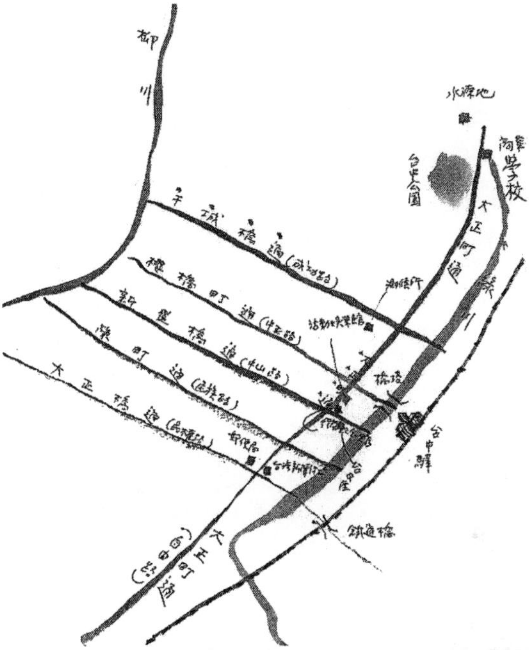

臺中火車站，建於 1917 年，第二代。

臺中神社，建於 1712 年，在臺中公園旁。

大正町通（今臺中市民權路）

臺中測候所

第二代臺中驛

綠川橋塔

大正橋通

干城橋通

大正橋通望鐵道橋

台中大正橋通

第一代台中郵便局

第二代台中郵便局

台中台灣新聞社

台中水源地儲水塔

倭人皇太子行啟紀念館

遷建後的臺中座

木造劇場的臺中座

臺中市營貸店鋪

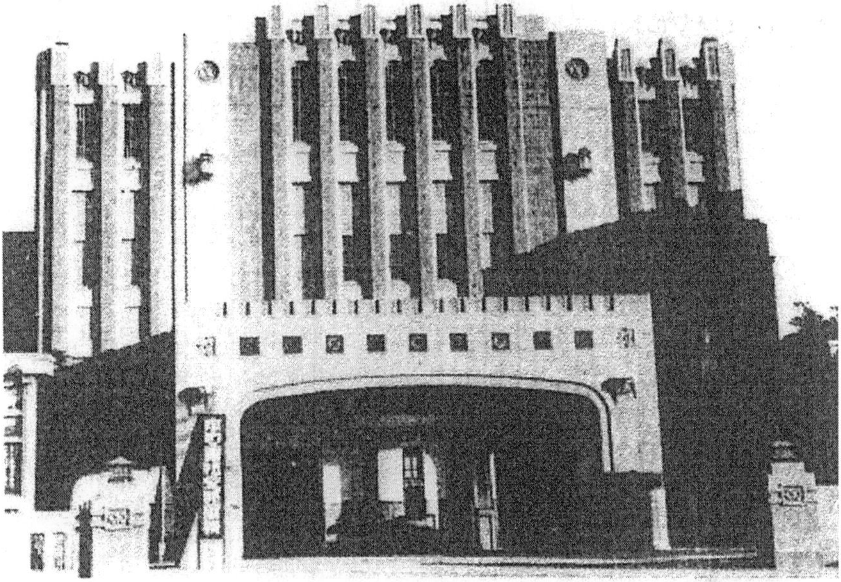

臺中娛樂館

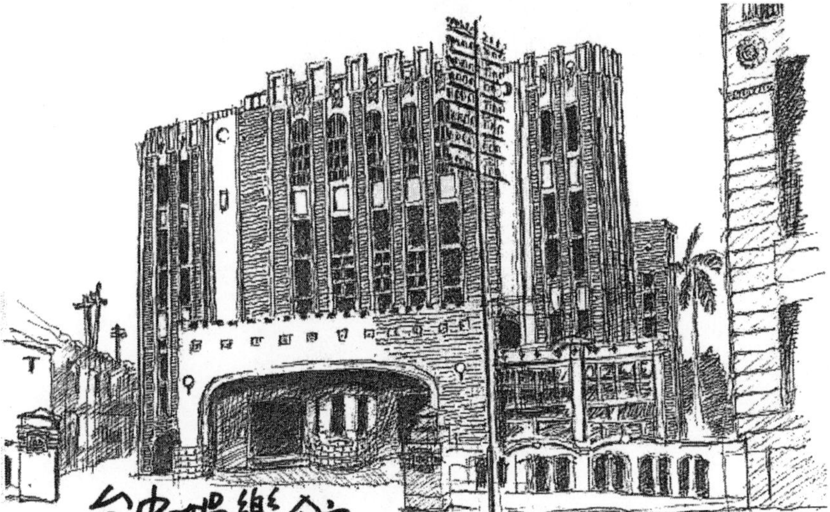

干城橋通

干城橋通（今成功路），再靠北是舊名叫「東大墩」的地方，這裡是臺中市最早的發源地。

干城橋通的人文聚落完全不同於倭人的櫻橋町通，這裡純是臺灣人匯聚而成的店街。手繪圖的干城橋通，是一九一三年開始建造的雙層店鋪，也才有道路和排水工程。

大正橋通望鐵路橋

大正橋通（今民權路），過鐵道橋段於一九一三年開始整地開路。在與大正町通（今自由路）交叉一帶，形成官廳街，許多政府機關和學校集中於此。

從民權路看蒸汽火車過鐵橋，曾是早期臺中市風景之一景，蒸汽火車退休，改柴油車上路，歷史這樣走過了。

臺中郵便局

現在臺中市政府舊舍對面的臺中郵政總局，已是臺中郵局的第三代樣貌。

一九〇七年倭人在全臺推行郵政電信業務一元化，才統一稱謂「郵便局」，第一代也這時移建完成。（之前已有類似機關，名稱、地點已不可考）

第一代臺中郵便局（如手繪圖），所在的地址原叫「寶町一丁目」，本來是一樓的木造結構。一九一四年因業務量增加而加蓋二樓，採寶蓋形瓦頂，正中央開閣樓天窗，係和洋混合式建築。

之後臺中人口增加。（一九〇九年時，臺中市有倭人約五千，臺灣人六千多；到一九三六年，臺灣人約五萬六千，倭人一萬六千）郵務量大增，臺中郵便局升爲一等局，另設三處三等局。到一九三三年，原址改建水泥面磚結構建築，這是第二代臺中郵便局（如照片）。

臺中臺灣新聞社

今臺中民權路和自由路交叉口的臺中銀行，是日據時倭人的臺灣新聞社原址（如照片）。

磚造三層帶歐風格局，在當時是很壯觀的建築。

「臺中新聞」是倭人辦的日文報紙，最早在一八九九年創刊，一九〇一年廢刊。同年「臺中每日新聞」發行第一號，一九〇三年改稱「中部臺灣日報」，一九〇八年再改成「臺灣新聞」。到一九四四年與別報合併成「臺灣新報」，前後走過四十四年。

水源地儲水塔

臺中水源地原名「臺中水道儲水塔（如照片）。臺中市未靠近溪流大湖，水源來自抽取十三公尺深的地下水，水質優良。

儲水塔工程一九一四年開始，五年才完全完工。但一九一六年已可以供水，不必沉澱過濾，直接從水塔自然流下送水。

一九二四年，將清代考棚移遷到水源地保存，命名「湧泉閣」，那是倭人的勝利紀念。

行啓紀念館

臺中遠東百貨公司曾是知名的綜合大樓，這裡在一九二六年「行啓紀念館」竣工。

一九二三年，倭人天皇已病入膏肓，皇太子實際攝政。四月十六日皇太子以攝政身份，展開十六天臺灣行，四月十九日到達臺中，參觀臺中州廳及臺中第一中學校，翌日前往臺南，二十七日返日。

為紀念此一行程，州廳建造行啓紀念館，戰後民間獲得所有權，原建築也就「入土」了！

臺中座

「臺中座」是戲院，歌舞表演的地方，一九〇八年首建木造建築，地點在榮町三丁目（今繼光街、中山路口）。

臺中座後來遷到櫻橋町通（今中正路），與臺中座並列是一九二九年竣工的「臺中市營貸店鋪」，租給民間經營的商店。

臺中商業學校

一九一九年六月一日，全臺有三所學校同時開辦：臺北工業學校、嘉義農業學校和臺中商業學校。

一九三〇年又有校舍增建，光復後改臺中商專。

臺中活動娛樂館

活動娛樂館就是電影院，前身是一九一一年開業的「高砂演藝館」，位在今遠東百貨公司靠自由路一端。

一九一三年更名「大正館」，一九二五年再改映畫常設館，專演電影。一九三一年十二月二十六日新改建落成，是全新的活動娛樂館，一九六七年由市政府標售改建爲遠東百貨公司。

第六章　臺中地區鄉鎮沿革略說

臺中地區除核心的臺中市以外，民國九十九年底之前是臺中縣的各鄉鎮，之後縣市合併成直轄中央的大臺中市，各鄉鎮改制為「區」。以下擇要略說這些區的「前世」古代記憶。

清水古稱「牛罵頭」

清水原是平埔族拍瀑拉族居地（詳見第二章附錄），牛罵頭是此處一族社名稱，日據時改稱清水。漢人入墾清水較晚，康熙三十六年（一六九七），郁永河前往臺北採硫，途經牛罵頭停留十幾天，他記錄：「林木如蝟毛，聯枝累葉，有野猿跳擲上下，向人作聲若老人咳。」此時郁永河在清水尚未見到一個漢人。

直到雍正時代開始有閩粵漢人入墾清水，到乾隆二十九年（一七六四）纂修的《續修臺灣府志》，才記載清水漢人街肆初具規模，名「牛罵頭街」。

清代在清水地區出過三十六名秀才、一名舉人，也是文風鼎盛之地。歷史上出過像廖添丁、蔡惠如及現在的證嚴法師等大人物。

日據時代，一九三五年大地震，清水所有房屋都垮了，倭人重新規劃清水街道。清水街役場、神社、學校都是震後落成的建築。

梧棲原是五汊、梧栖、鰲西

大甲溪支流牛罵溪在出海口又分五叉，古稱「五汊港」，又因清水鰲峰山之西，也叫「鰲西」。

康熙中葉有閩粵移民入墾。乾隆三十五年（一七七〇），此處因地利之便，與福建獺窟有貿易往來，霧峰林家便出資建爲商港，到乾隆五十年（一七八五）這裡的港街已很繁榮。

光緒年間，梧栖港淤積嚴重，船隻改由稍南的「翻身港」出入，另在大肚溪口塗葛崛建「新港」，港務重心逐漸南移。

日據時倭人在此開建「新高港」，可惜因戰敗臺灣重歸中國，建港未完。到民國六十二年，政府十大建設之一的臺中港，使梧棲鹹魚翻身，使成全臺唯一有國際港的鄉鎮。

粵人的「新廣莊」閩人誤念成「神岡」

神岡原是平埔族岸裡大社所在，雍正時張達京、張承祖等人在此招佃墾荒。道光年間大批泉州移民到此墾拓，並形成主要聚落。粵人發音叫「新廣莊」，閩人誤成「神岡」。

神岡發展史上，居功至大除張達京外，尚有呂氏宗親。同治五年（一八六六），漳州詔安呂炳南，在神岡三角村建筱雲山莊，爲奉養老母。光緒四年（一八七八）筱雲軒落成時，丘逢甲、連雅堂等都是座上客。

呂氏後人在藝術上多有成就，如詩人呂厚菴、畫家呂孟津、音樂家呂泉生文末附紙等。

筱雲山莊不僅是有名的私人莊園，有「銃樓」防禦工事的莊堡，也是有二萬卷善本書的藏書樓。可惜這些寶物在呂家沒落後，幾乎全被竊盜一空，凡存在的都會過去，如一場夢。

東勢角：東方新墾地

東勢位在葫蘆墩東方，故稱「東勢角」，客語叫「勢角」，福佬稱「角勢」，意指東方新墾土地，日據時改東勢。

筆者年青時讀臺中東勢工職，每天必經「土牛」村，始終疑惑爲何叫「土牛」？後查史料才知名稱始於乾隆時代。

當時清政府爲防止漢番衝突，在整個北臺灣建一條「番界」，北起臺北鶯歌尖山下淡水河邊，南到石岡土牛村土牛國小。「番界」南一條土溝，剷出的廢土在土牛村附近形成許多大土堆，形如臥牛，故叫「土牛」。今土牛國小內有「民番地界碑」記載這歷史典故。

但界碑擋不住先民墾拓的精神，到乾隆末葉還是取消了禁令，大批客家先民進入東勢，形成純屬客族的小城。

大里、大里杙

大里古稱大里杙，「杙」音ㄧˋ，是繫住船的木樁，故名大里杙。原來大里是清代中葉以前臺灣的第六大港口，是大肚溪航運要站，與犁頭店（南屯）、四張犁（北屯）同是臺中盆地開發最早的地區。

大里的舊名尙有「番仔寮」（仁化）、土城（塗城），乾隆十五年（一七五〇）時，大里已有二萬多人口。乾隆五十一年（一七八六），爆發「林爽文事件」，當時住在大里的霧峰林家先祖林石也受到連累。（見「霧峰林家的故事」一文），因爲林石是族長，和林爽文原籍都是漳州平和縣。

今大里路與大新街交叉處一片墓塚，就是林爽文故居。因官軍剿平叛逆，使這裡陰氣很重。

事件過後，林石的後人林文明重回大里興建商號，但不久臺中市興起，大里溪亦淤淺，繁華漸漸向北移，一去不再。

但現在的大里，根據統計是人口很年輕化的城區，年輕就是本錢。嶄新的公寓及大樓，取代古早的商船雲集，大里，正欣欣向榮地向前邁進。

霧峰、阿罩霧、林家

「東到茫茫、西到霧霧」，形容清代阿罩霧林家的田地，廣闊到看不到邊際。（關於林家另見本書別文）也可見林家在霧峰發展史上，居重要地位。

在雍正年間，霧峰還是平埔族和泰雅族人的生活空間。因此地多山，從大里或草屯入墾的漢人，須冒很大風險，所以在臺中各地區相較，霧峰開發較晚。

但到乾隆時的林爽文事件平息後，林家第三代林甲寅在霧峰重奠基業，歷代都是大地主，與佃農維持很好關係，給霧峰開發注入良好條件。

豐原、葫蘆墩

乾隆二十九年（一七六四）十一月，命重修《大清一統志》，在《臺灣府志》載「貓霧捒堡內有新莊小市」，即指葫蘆墩。因豐原與下南坑間有三個小丘，形似葫蘆，故得名葫蘆墩。

光緒年間，在此設置總爺巡檢衙門，日據時因這裡是中部物產最富之地，倭人改稱豐原。

本章這幅「豐原老街」出自李欽賢著《臺灣城市記憶》一書，但只說日據時代，詳細時間不清楚。應是一九二〇年代，街道更新，使豐原大街氣派已然成型。

清水郵便局

八角造型，紅白相間的高美燈塔，過去曾是清水地區最醒目的地標。↓

↑民國36年（1947）清水街上仙霓園的傳統戲曲演出。

清水街役場

清水神社參道

清水公學校

清水街市場

大地震前後的清水街頭對照

↑昭和 10 年大地震後梧棲街的災情

←臺中港是發展中臺灣的重要計畫，此為港區的「人定勝天」紀念碑。

梧棲漁港位於臺中港商港區範圍內，擁有相當規模的魚獲直銷中心。

上圖：社口林宅又稱「社口大夫第」，是一座四合院多護龍的宅邸，現列為三級古蹟。
左圖：筱雲軒藏書數萬卷，是當時中部文人雅士的集會所。但今日藏書已多為宵小所盜。

岸裡社入口社門。狹小的巷道，具有「銃眼」的隘門，
顯現過去衝突頻仍的背景。

筱雲山莊門樓共有二層，二樓是具有防衛功用的「銃樓」。

東勢是中橫公路的起點

當年由樸仔口到東勢需渡過大甲溪，道光年間曾因渡船翻覆並釀成械鬥，而後由劉章職調停並設義渡。

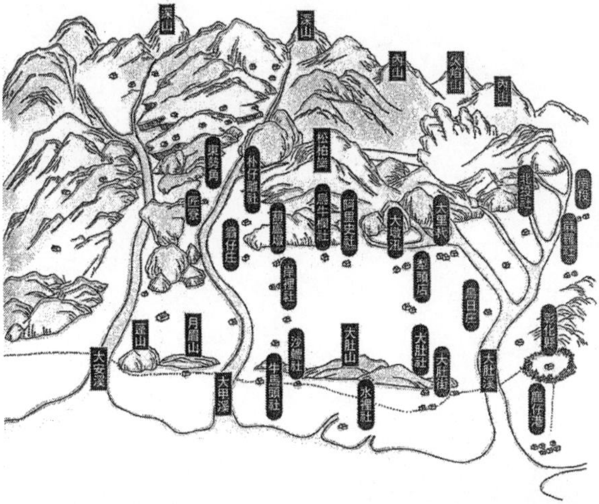

↑大里老街福興宮附近的倒栽榕樹，是過去大里杙內河航運的碼頭所在。

↑「岸裡社番把守之圖」（局部）。岸裡社是清代最強大的平埔族族群。乾隆51年（1786）林爽文事件發生時，岸裡社號召葫蘆墩、朴仔離社、翁仔社、烏牛欄社、阿里史社、麻羅社等族人協助平亂。

大里林祖厝——紹復堂。

興建於乾隆年間的福興宮，是大里香火鼎盛的廟宇。

慶源堂的林秋金原本是霧峰林家的總管，後來在大里自創慶源堂商號。

上圖：大里市第一公墓原本是林爽文的故居。
左圖：大里過去是最大的鹹菜產地，但因時代變遷過去鹹菜聚集處的鹹菜巷已十分冷清。

林家下厝宮保第第二進一景。

↑林文察在咸豐年間曾領兵至大陸討伐太平天國。

上圖：宮保第共三進，初始為林文察於咸豐年間所建，第二、第一進門廳為其子林朝棟所建，此為第一進。

左圖：臺中櫟社創於1902年，成員以詩作寄託反日想法，鼓吹民族大義。

左圖：占地寬廣的霧峰林家祖墳，其剪黏、彩繪、雕刻均十分精緻。

下圖：林家萊園小習池的飛觴醉月亭，後方為五桂樓。

日治時期霧峰附近的村落

921 地震前的霧峰林家頂厝景薰樓鳥瞰

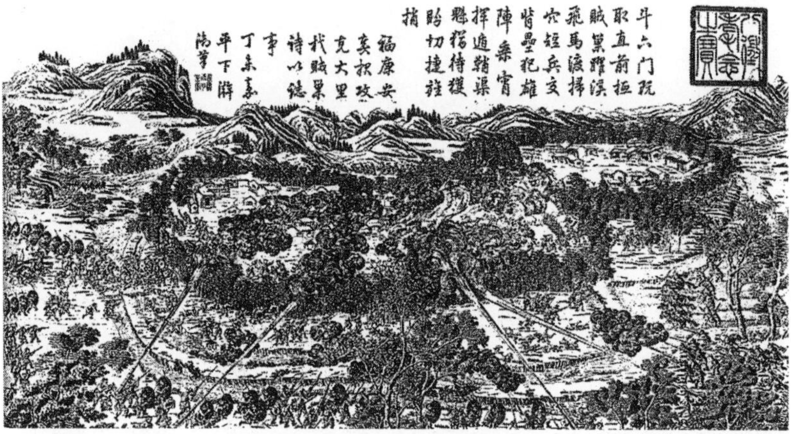

清兵攻打大里杙的林爽文部隊

豐原老街

附紙：漳州詔安呂炳南在臺中神岡的後裔音樂家呂泉生事略

這位從中國大陸漳州詔安移民臺中神岡的呂氏後裔，在臺中開發史上也有動人的傳奇故事，深值一書。直到今天已是廿一世紀了，許多人仍在卡拉ok唱著他的歌，稍有「歷史感」的人，知道是呂泉生的作品，但幾乎無人知道他出自臺中神岡的呂氏望族，更不會把他和臺中歷史連結在一起。是故，本文按《臺灣歌謠臉譜》一書（鄭恆隆、郭麗娟著），略說呂泉生及其作品，畢竟他也是「臺中之光」。

出生、萬紅叢中一點綠

呂泉生，祖籍漳州詔安，一九一六年七月一日生出生於當時倭人所據的臺中神岡，呂家已是當地望族。

十四歲時考進臺中一中，升三年級那年，因到東京旅遊聽了一場音樂會，深受優美旋律感動。決心想要學音樂。回臺後央求祖母買一把小提琴給他，沒有老師指導，他「自摸」到著迷，竟開始逃學。讀五年級時（當時臺中一中是五年制），呂泉生爲練習小提琴，每天騎腳踏車到豐原水源地的青草地上練習，創下連續三十六天曠課紀錄，被校方通知留級，成爲該校當年的大事。

接著，爲了學鋼琴，又到臺中鋼琴家陳信貞女士家裡，顧不得清一色全是女生，硬是要求陳女士破例收留，成爲萬紅叢中一點「綠」，成同學間的「大八卦」。

二十歲負笈倭國學音樂，一九三九年完成學業留在倭國發展，一九四三年回臺奔父喪，後因戰事臺海航道受阻，乃留臺任「臺灣廣播電臺」演藝股長，並開始採集整編臺灣民謠，如嘉義「六月田水」，宜蘭「丟丟銅」。但因這兩首歌違反「皇民化宗旨」，被禁止傳唱。

回歸祖國後的創作和任職

倭國投降了，臺灣回歸中國，創作上少了「皇民化」的限制，「丟丟銅」也開始流行。「杯底毋通飼金魚」、「打開心內的門窗」都是勝利後作品。

一九五〇年，「臺灣廣播電臺」改名「中國廣播公司」，呂泉生擔任音樂組長，並任臺灣省交響樂團合唱指揮。一九五一年，應聘到靜修女中教音樂兼訓導主任，當時校長相當倚重他，給他月薪五百元，而校長月薪才四百七十元。

不少臺灣歌謠的創作者，都是在呂泉生的鼓厲下提筆寫出來，如楊三郎和那卡諾合作的「望你早歸」，二人信心不足，但呂泉生試唱後認爲極好。發表後果然轟動，因有不少臺灣青年被人強徵去南洋，女人被徵去當慰安婦，都生死未卜，家人萬般思念，藉由「望你早歸」唱出內心的期待和無奈。

榮星兒童合唱團

一九五七年，呂泉生和同是臺中一中的同學辜偉甫，兩人正在聽德國「上寺村少女合唱團」的唱片，二人深受童音優美的感動。辜說：「爲什麼我們不也來辦個這樣可愛的合唱團？」二人有同感，經數月籌備，這年的四月十日，「榮星兒童合唱團」正式成立，呂泉生任團長兼指揮，是臺灣第一個私人兒童合唱團。

呂泉生除創作外，也把文人詩詞拿來譜曲，如羅家倫寫的「青海青」，也曾讓很多人懷想遠方的故鄉：

青海青，黃河黃，
更有那滔滔的金沙江。

一九五八年，呂泉生受聘到實踐家專專任音樂教授，到一九八六年退休。後移居美國，筆者不知其詳。

但筆者在乎的是他曾是「臺中之光」，他是神岡呂家之光，他是否曾去過他的祖籍地，那是他的「根」！或許他永遠沒有想起根在那裡？以下選錄他的照片、作品，給廿一世紀的人看看，臺中神岡曾出過一位音樂才子。

呂泉生赴日留學時在東京和昔日臺中一中的同學合影（中間坐者為呂泉生）。

就讀臺中一中時與同學合影。（第一排左起第三位為呂泉生）

呂泉生與妻子在戰亂中結婚、生子；在空襲警報聲中因惦念疏散回老家的妻兒，呂泉生寫下屬於臺灣人的〈搖嬰仔歌〉。

從戰亂到安定，從幕起到幕落，呂泉生培育過無數音樂人才。

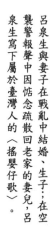

1939 年，完成學業後留在日本發展，應聘於東寶日本劇場，此劇照攝於 1941 年。（後排右起第三位為呂泉生）

1957 年，臺灣第一個私人兒童合唱團「榮星兒童合唱團」正式成立，由呂泉生擔任團長兼指揮。圖為呂泉生訓練學生發音。

就讀臺中一中一年級時，與父親、大哥合影。
（右一戴帽者即呂泉生）

1957 年 12 月，「榮星兒童合唱團」於臺大醫學院舉行首次演唱會。
（後排左起第二倍是創辦人辜偉甫先生，第四位是呂泉生。）

搖 嬰 仔 歌
（1945年作品）

盧㟥生　作詞
呂泉生　作曲

```
5· 55 53 | 5 - - - | 3· 51 616 | 5 - - - |
```

嬰	仔	嬰	嬰	睏	一	暝	大	一	寸
嬰	仔	嬰	嬰	睏	一	暝	大	一	寸
嬰	仔	嬰	嬰	睏	一	暝	大	一	寸
嬰	仔	嬰	嬰	睏	一	暝	大	一	寸
嬰	仔	嬰	嬰	睏	一	暝	大	一	寸

```
2· 35 23 | 5 - - - | 2· 35 5 32 | 1 - - - |
```

| 嬰嬰 | 仔仔 | 嬰 | 嬰嬰 | 惜惜 | 一一 | 暝暝 | 大大 | 一一 | 尺尺尺尺尺 |

```
1· 61 612 | 3 - - - | 2· 31 31 21 | 6 - - - |
```

搖一	子日	落骨	山肉	抱愈	金愈	金心	看適
同	親	樣	子	那	兩	讀	情
細	是	腳	爬	大	欲	外	冊
畢	做	大	事	拖	無	責	久
痛	業	黃	金	晟	消		任

```
5· 63 35 61 | 1 - - - | 3· 53 3 26 | 1 - - - ‖
```

你	我	心	肝	驚	你	風	寒
暝	是	伊	睏	天	光	來	惜
查	時	著	疼	查	某	著	晟
為	子	學	費	責	任	咱	的
查	娶	新	婦	我	才	丈	夫
養	到	嫁	娶		會	放	心

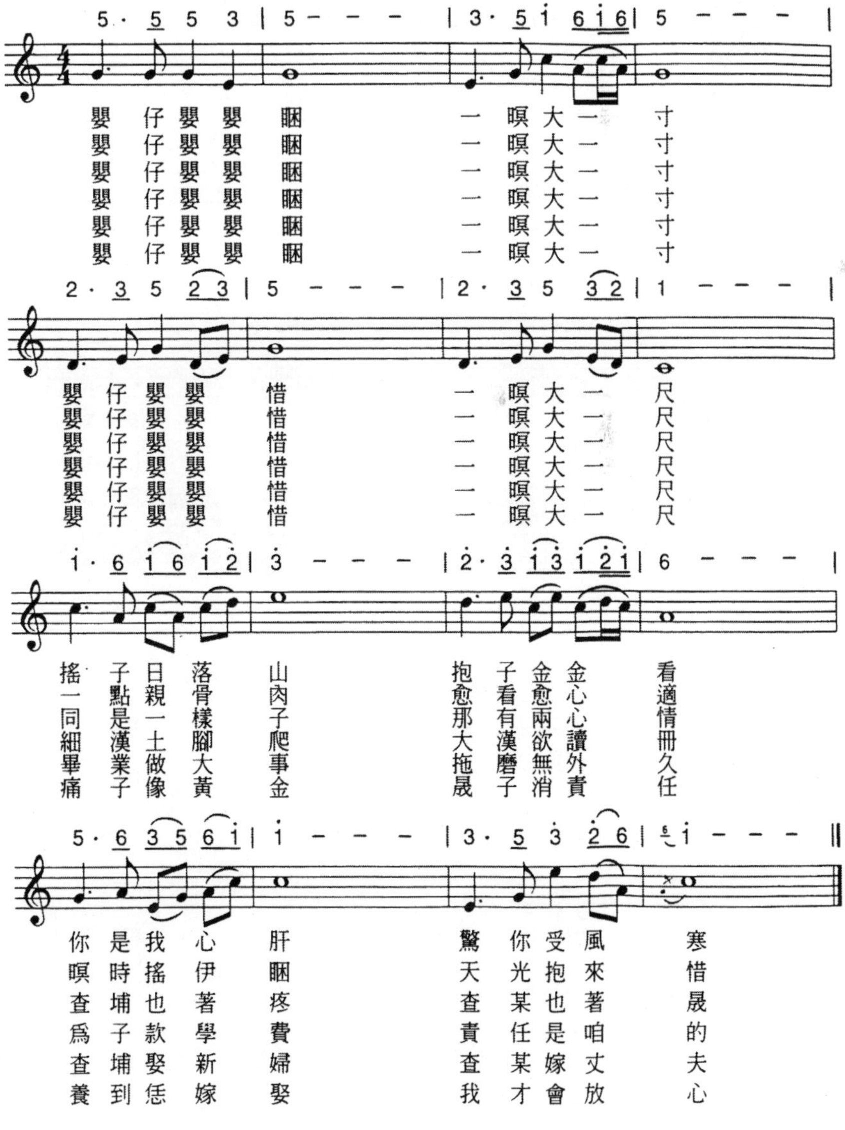

杯底毋通飼金魚

（1949年作品）

呂泉生 作詞 作曲

飲啦 杯底毋通飼 金 魚 好漢剖腹 來 相 見 拚一步
爽快嘛 值 錢 （間奏）
飲啦 杯底毋通飼 金 魚 興到食酒免 揀 時 情投意合
上 歡喜 杯底毋通 飼金 魚 （間奏） 朋友弟兄
無議論 欲哭 欲笑 既 在伊 心情 鬱卒 若 無透 等待 何時
咱的 天 （間奏） 啊
哈哈 哈哈 醉落去 杯底 毋通 飼 金 魚 啊

第七章　一個鄉鎮的行政組織沿革：太平爲例

臺中市各鄉鎮區的行政組織歷史沿革，因限篇幅，無從逐一詳述，只能以太平爲例，細說之。

太平區（市鄉）在歷史上少有重大事件，似乎真的很太平、較早有規模的開拓，是霧峰林家第二代祖林甲寅，於嘉慶十一年（一八〇六），承墾太平草湖溪一帶（今太平黃竹里）。

太平古稱「烏頭松」，因境內有顆大烏松樹，先民空閒在樹下閒聊。日據時改稱太平庄，屬臺中辦務署。光復後於民國三十四年，依據臺灣省接管計劃綱要規定，從太平庄改組成立太平鄉，隸屬臺中縣大屯區，林春山先生爲派任第一屆鄉長。

自民國三十九年四月廿一日公佈臺灣省各縣市實施地方自治綱要以後，開始實施縣市地方自治並依民國三十九年七月十二日公佈之臺灣省鄉鎮區長選舉罷免規程，辦理本鄉第一屆民選鄉長，由林春山先生當選首任鄉長。

第一屆的鄉鎮長選舉之後，臺灣省政府曾對之前所公布的各項法規，進行第一次的修訂，將其中簽署推選的人數，由之前的三百人以上，改爲三百至五百人；又將得票額之限制予以取消，以得票最多者爲當選；同時亦將任期改爲三年。

而在第十二屆鄉長余振瑩先生任內，因全鄉人口已超過十五萬人，經中央按省縣自治法核定後，自民國八十五年八月一日起改制升格爲太平市，余振瑩先生爲改制後第一屆市長，江連福先生爲第二、三屆市長，地方行政組織遂改爲太平市公所。

歷經六十五年的歲月，公所組織架構共產生五次變革。組織單位增減的過程，反應政策的調整；更重要的，它也是太平由鄉改市後，每一個地方興盛與商業發展階段的見證。因爲有完善的行政體系，才能

民國 69 年 10 月 5 日太平鄉公所、鄉民代表會、民眾服務社聯合辦公大樓落成。（太平市公所回顧）

符合不斷新增的民眾需求。

太平市公所於民國九十九年十二月廿五日走入歷史，以「太平區公所」繼續為市民服務，迎接新的時代。為民服務的精神不變，只有更加貼心。

歷任鄉長、市長玉照

第一、二屆鄉長
林春山

第三、四屆鄉長
林萬彰

第五、六屆鄉長
宋茂盛

第七、八屆鄉長
張正義

第九、十屆鄉長
李樹生

第十一、十二屆鄉長、第一屆市長
余振瑩

第二、三屆市長
江連福

第四屆市長
余文欽

太平市（鄉）歷任鄉長、市長名錄

屆別	職稱	姓名	任期－起迄日期	備註
一	鄉長	林春山	34.11.01–35.11.30	官派
一	鄉長	林春山	35.11.30–37.11.10	鄉民代表選出
二	鄉長	林春山	37.11.10–40.07.10	鄉民代表選出
一	鄉長	林春山	40.07.10–42.07.11	民選
二	鄉長	林春山	42.07.11–45.07.11	民選
三	鄉長	林萬彰	45.07.11–48.12.31	民選
四	鄉長	林萬彰	49.01.01–53.03.01	民選
五	鄉長	宋茂盛	53.03.01–57.03.01	民選
六	鄉長	宋茂盛	57.03.01–62.04.01	民選
七	鄉長	張正義	62.04.01–66.12.30	民選
八	鄉長	張正義	66.12.30–71.03.01	民選
九	鄉長	李樹生	71.03.01–75.03.01	民選
十	鄉長	李樹生	75.03.01–79.03.01	民選
十一	鄉長	余振瑩	79.03.01–83.03.01	民選
十二	鄉長	余振瑩	83.03.01–85.08.01	民選
一	市長	余振瑩	85.08.01–87.03.01	民選 85.08.01改制縣轄市鄉長改任市長
二	市長	江連福	87.03.01–91.03.01	民選
三	市長	江連福	91.03.01–94.02.01	當選立法委員離職
三	代理市長	張銘桂	94.02.01–95.02.06	主任秘書代理
三	代理市長	朱勝雄	95.02.06-95.03.01	臺中縣政府參議代理
四	市長	余文欽	95.03.01 –99.12.25	民選

市公所內部單位暨所屬機關變革一覽表

時間	組織架構
自34年鄉公所成立至60年6月止	設鄉長、秘書、民政課、財政課、建設課、農業課、戶籍課、兵役課、人事管理員、主計員、安全管理員等11單位。
自60年7月起至70年6月止	配合戶警合一政策，戶籍課移併警察局，共有鄉長、秘書、民政課、財政課、建設課、農業課、兵役課、人事管理員、主計員、安全管理員、圖書館及清潔隊，合計12單位。
自70年7月起至73年12月止	人事管理員改設人事室、主計員改設主計室、安全管理員改設人事室（二），共有鄉長、秘書、民政課、財政課、建設課、農業課、兵役課、人事室、主計室、人事室（二）、圖書館及清潔隊，合計12單位。
自74年1月起至85年7月止	配合政風人員條例將人事室（二）改設為政風室，另成立市立托兒所，共有鄉長、秘書、民政課、財政課、建設課、農業課、兵役課、人事室、主計室、政風室、圖書館、清潔隊及托兒所，合計13單位。
自85年8月起至86年6月止	因由鄉改制為市，組織編制重新調整為市長、主任秘書（室）、民政課、財政課、建設課、兵役課、工務課、人事室、主計室、政風室、圖書館、清潔隊、市立托兒所，隨後因商業發達之需要，增設第一公有零售市場，合計14單位。
自86年7月起至99年12月24日止	地方制度法施行，機關組織編制除市長及主任秘書外，所內設11單位，計有：民政課、財政課、建設課、工務課、公用課、社會課、兵役課、秘書室、人事室、主計室、政風室，另附屬單位為圖書館、清潔隊、市立托兒所及第一公有零售市場等4個單位。

▲ 公所大樓整修後煥然一新

▲ 太平市公所第二行政大樓

太平市民代表會回顧

▲ 第四屆市民代表與余市長合照

沿革

民國34年12月政府公布臺灣省各級民意機關成立方案，於民國35年3月29日成立太平鄉民代表會，開展了服務鄉親的功能。

民國85年8月1日，太平因人口逾十五萬人，太平鄉升格改制為太平市，第十五屆鄉民代表也同時改制為第一屆市民代表；民國99年12月25日臺中縣市升格為直轄市，市民代表會吹起熄燈號，第四屆市民代表成為末代的市民代表；然而歷屆代表努力為地方付出，服務鄉親，在太平發展史上已留下不可磨滅的一頁輝煌史。依據新修正地方制度法，代表們將被聘任為區政諮詢委員，針對區政業務、興革建議、行政區劃等公共事務，提供寶貴的意見。

歷屆鄉民代表回顧

第一屆
鄉民代表會補選主席
吳炳坡

第一屆鄉民代表

就職日期：35年3月29日

卸職日期：37年4月30日

共18名

職稱	姓名	性別	學歷	經歷	選區	備註
主席	楊萬福	男	私塾		下太平	35.11遷出
主席	吳炳坡	男	國小教員檢定	國小教員	中太平	35.11補選
代表	蕭崑煌	男	國小畢	農	上太平	
代表	陳英賢	男	初中畢	商	上太平	
代表	朱有得	男	國小畢	農	中太平	
代表	林清環	男	國小畢	農	下太平	
代表	林 火	男	國小畢	農	番仔路	
代表	黃錦榮	男	國小畢	農	番仔路	
代表	林富貌	男	識字	農	三 汴	
代表	廖大森	男	國小畢	農	三 汴	
代表	宋茂盛	男	國小畢	農	上頭汴坑	
代表	劉義和	男	國小畢	農	上頭汴坑	
代表	謝秋木	男	識字（私塾）	農	下頭汴坑	
代表	廖阿金	男	國小畢	示範林場巡視員	下頭汴坑	
代表	張接成	男	識字	農	光 隆	
代表	曾火木	男	識字	農	光 隆	
代表	張阿福	男	識字	農	黃 竹	
代表	王 貴	男	識字	林班巡視員	黃 竹	
書記	林石城	任職期間：35年3月29日—41年1月24日				

第二屆
鄉民代表會主席
余炳煌

第二屆鄉民代表

就職日期：37年4月30日
卸職日期：39年11月4日

共18名

職稱	姓名	性別	學歷	經歷	選區	備註
主席	余炳煌	男	初中畢	商	東　平	
代表	陳秋澤	男	初中肄	農	太　平	
代表	簡德旺	男	私塾五年	農	太　平	
代表	吳炳坡	男	國小教員檢定	國小教員、第一屆主席	中　平	
代表	林平章	男	高商畢	農會主任	中　平	
代表	林萬彰	男	國小畢	農	東　平	
代表	李　生	男	國小畢	商	新　光	
代表	黃錦榮	男	國小畢	第一屆代表	新　光	
代表	林富貌	男	識字	第一屆代表	坪　林	
代表	洪金茂	男	初中畢	農會主任	坪　林	
代表	劉義和	男	國小畢	第一屆代表	頭　汴	
代表	邱　洋	男	識字	農	頭　汴	
代表	黃秀成	男	國小畢	農	東　汴	
代表	廖阿金	男	國小畢	第一屆代表	東　汴	
代表	廖德福	男	初中畢	商	光　隆	
代表	林石山	男	初農畢	農	光　隆	
代表	黃阿森	男	國小畢	農	黃　竹	
代表	廖添丁	男	識字	農	黃　竹	

第三屆
鄉民代表會主席
余炳煌

第三屆鄉民代表

就職日期：39年11月4日
卸職日期：42年1月25日

共22名

職稱	姓名	性別	學歷	經歷	選區	備註
主席	余炳煌	男	初中畢	商、第二屆主席	東　平	
代表	陳秋澤	男	初中肄	農、第二屆代表	太　平	
代表	王清標	男	初中畢		太　平	
代表	朱聯采	男	國小畢	商	太　平	
代表	吳炳坡	男	國小教員檢定	第一屆主席、第二屆代表	中　平	
代表	林坤松	男	識字	農	中　平	
代表	林萬彰	男	國小畢	第二屆代表	東　平	
代表	劉　勳	男	國小畢	農	東　平	
代表	林　前	男	商校畢	農	新　光	
代表	林秋樟	男	國小畢		新　光	
代表	許竹頭	男	國小畢	農	坪　林	
代表	許　波	男	識字	農	坪　林	
代表	陳天福	男	國小畢	醫師	頭　汴	
代表	邱桂榮	男	國小畢	農	頭　汴	
代表	邱　洋	男	識字	農、第二屆代表	頭　汴	
代表	謝秋木	男	識字	農、第一屆代表	東　汴	
代表	黃秀成	男	國小畢	農、第二屆代表	東　汴	
代表	張枝文	男	私塾	農	光　隆	
代表	林石山	男	初農畢	農、第二屆代表	光　隆	41.1辭職
代表	廖德福	男	初中畢	商、第二屆代表	光　隆	
代表	曾樹旺	男	初中畢	商	光　隆	
代表	謝乙丙	男	國小畢	農	黃　竹	
書記	林石山	任職期間：41年1月24日—43年11月5日				

第四屆
鄉民代表會主席
林　珈

第四屆鄉民代表

就職日期：42年1月25日

卸職日期：44年6月1日

共11名

職稱	姓名	性別	學歷	經歷	選區	備註
主席	林 珈	男	國小畢	農	東 平	
代表	陳秋澤	男	初中肄	農、第二、三屆代表	太 平	
代表	吳炳坡	男	國小教員檢定	教員、一屆主席、二、三屆代表	中 平	
代表	李 生	男	國小畢	商、第二屆代表	新 光	
代表	廖大森	男	國小畢	農、第一屆代表	坪 林	
代表	陳天福	男	國小畢	醫、第三屆代表	頭 汴	
代表	宋茂盛	男	國小畢	農、第一屆代表	頭 汴	
代表	謝秋木	男	識字	農、第一、三屆代表	東 汴	
代表	曾樹旺	男	初中畢	商、第三屆代表	興 隆	
代表	李樹生	男	師範畢	教	光 隆	
代表	謝乙丙	男	國小畢	農、第三屆代表	黃 竹	
書記	王鑫珊	任職期間：43年11月5日—44年9月30日				

第五屆
鄉民代表會主席
林萬彰

第五屆
鄉民代表會補選主席
曾　正

第五屆
鄉民代表會副主席
林樹榮

第五屆鄉民代表

就職日期：44年6月1日
卸職日期：47年6月1日

共14名

職稱	姓名	性別	學歷	經歷	選區	備註
主席	林萬彰	男	國小畢	農、第二、三屆代表	東平	45.07.11就任鄉長
主席	曾　正	男	識字	—	太平	45.07補選主席
副主席	林樹榮	男	國小肄	商	中平	
代表	李　生	男	國小畢	商、第二、四屆代表	新光	
代表	廖大森	男	國小畢	農、第一、四屆代表	坪林	
代表	宋茂盛	男	國小畢	農、第一、四屆代表	頭汴	
代表	賴榮桂	男	國小畢	農	頭汴	
代表	廖鑾江	男	初商畢	—	東汴	
代表	張連慶	男	國小畢	臺糖公司職員	興隆	
代表	李樹生	男	師範畢	教、第四屆代表	光隆	45.07就任公所秘書
代表	謝乙丙	男	國小畢	農、第三、四屆代表	黃竹	
代表	陳李珠	女	識字	農	東平	
代表	謝茂水	男	國小畢	農	東平	45.9補選
代表	張思明	男	初中肄	農	光隆	45.9補選
書記	林石山	任職期間：44年10月1日—46年10月31日				

第六屆
鄉民代表會主席
曾　正

第六屆
鄉民代表會副主席
林樹榮

第六屆
鄉民代表會補選副主席
張連慶

第六屆鄉民代表

就職日期：47年6月1日
卸職日期：50年6月1日

共13名

職稱	姓名	性別	學歷	經歷	選區	備註
主席	曾　正	男	—	第五屆主席	太　平	
副主席	林樹榮	男	國小肄	第五屆副主席	中　平	50.02.09當選議員，辭職
副主席	張連慶	男	國小畢	臺糖職員、第五屆代表	興　隆	50.2補選副主席
代表	簡李金盞	女	國小畢	農	太　平	
代表	劉錦燈	男	國小畢	農	東　平	
代表	林永欽	男	國小畢	農	東　平	
代表	余椪頭	男	識字	農	新　光	
代表	林天來	男	國小肄	臺中酒廠技工	坪　林	
代表	洪汝賢	男	國小畢	農	頭　汴	
代表	徐憲昆	男	初中肄	農	頭　汴	
代表	廖鑾江	男	初商畢	第五屆代表	東　汴	
代表	林金冷	男	國小畢	農	光　隆	
代表	林錦水	男	識字	農	黃　竹	

第七屆鄉民代表

就職日期：50年6月1日

卸職日期：53年6月1日

第七屆
鄉民代表會主席
林天賜

第六屆
鄉民代表會副主席
曾　正

共15名

職稱	姓名	性別	學歷	經歷	選區	備註
主席	林天賜	男	識字	商	坪　林	
副主席	曾　正	男	識字	第五、六屆主席	太　平	
代表	林添義	男	國小畢	農	中　平	
代表	林坤石	男	國小畢	農	中　平	
代表	謝林彩慧	女	國小畢	農	東　平	
代表	林蕭彩盆	女	初中畢	農	東　平	
代表	李火金	男	初中畢	農	新　光	
代表	廖朝欽	男	初中畢	醫師	新　光	
代表	洪汝賢	男	國小畢	農、第六屆代表	頭　汴	
代表	劉春火	男	國小畢	農	頭　汴	
代表	謝秋木	男	識字	農、第一、三、四屆代表	東　汴	
代表	謝為府	男	國小畢	農	興　隆	
代表	林四棋	男	國小畢	農	興　隆	
代表	張金旺	男	國小畢	農	光　隆	
代表	趙長庚	男	識字	農	黃　竹	

第八屆
鄉民代表會主席
林天賜

第八屆
鄉民代表會副主席
謝秋木

第八屆鄉民代表

就職日期：53年6月1日

卸職日期：57年6月1日

共14名

職稱	姓名	性別	學歷	經歷	選區	備註
主席	林天賜	男	識字	商、第七屆主席	坪　林	
副主席	謝秋木	男	識字	農、第一、三、四、七屆代表	東　汴	
代表	朱聯采	男	國小畢	商、第三屆代表	太　平	
代表	林坤石	男	國小畢	農、第七屆代表	中　平	
代表	劉海泉	男	國小畢	農	東　平	
代表	李火金	男	初中畢	農、第七屆代表	新　光	
代表	賴宜東	男	初商肄	農	頭　汴	
代表	廖政雄	男	國小畢	農	頭　汴	
代表	謝為府	男	國小畢	第七屆代表	光　隆 興　隆	
代表	林伍全	男	國小畢	農	光　隆 興　隆	
代表	謝乙丙	男	國小畢	第三、四、五屆代表	黃　竹	
代表	陳　水	男	識字	農	太　平	55.7補選
代表	張培堆	男	國小畢	農	光　隆 興　隆	55.7補選
代表	謝敦長	男	國小畢	農	黃　竹	56.9補選

第九屆
鄉民代表會主席
謝爲府

第九屆
鄉民代表會副主席
陳　水

第九屆鄉民代表

就職日期：57年6月1日
卸職日期：62年11月1日

共12名

職稱	姓名	性別	學歷	經歷	選區	備註
主席	謝為府	男	國小畢	農、第七、八屆代表	興　隆	
副主席	陳　水	男	識字	農、第八屆代表	太　平	
代表	林瑞麟	男	國小畢	農	中　平	
代表	張長庚	男	國小畢	農	東　平	
代表	李火金	男	初中畢	農、第七、八屆代表	新　光	
代表	徐慶財	男	國小畢	農	坪　林	
代表	董　繡	女	國小畢	家管	坪　林	
代表	賴宜東	男	初商肄	農、第八屆代表	頭　汴	
代表	徐英治	男	高職畢	—	頭　汴	
代表	謝光輝	男	國小畢	農	東　汴	
代表	林錦良	男	初商畢	農	興　隆	
代表	謝敦長	男	國小畢	農、第八屆代表	黃　竹	

第十屆
鄉民代表會主席
林金枝

第十屆
鄉民代表會副主席
林瑞麟

第十屆鄉民代表

就職日期：62年11月1日

卸職日期：67年8月1日

共11名

職稱	姓名	性別	學歷	經歷	選區	備註
主席	林金枝	男	國小畢	第八、九屆光隆村長	第四選區：興隆、光隆、黃竹	
副主席	林瑞麟	男	國小畢	農、第九屆代表	第一選區：太平、中平、東平	
代表	何以會	男	國小畢	農會理事	第一選區：太平、中平、東平	
代表	張林員	女	國小畢	家管	第一選區：太平、中平、東平	
代表	謝富治	女	國小畢	家管	第一選區：太平、中平、東平	
代表	徐英治	男	高職畢	第九屆代表	第二選區：東汴、頭汴	
代表	謝光輝	男	國小畢	農、第九屆代表	第二選區：東汴、頭汴	
代表	賴宜東	男	初商肄	農、第八、九屆代表	第二選區：東汴、頭汴	
代表	何春榮	男	高農畢	農	第三選區：新光、坪林	
代表	徐慶財	男	國小畢	農、第九屆代表	第三選區：新光、坪林	
代表	林錦良	男	初商畢	農、第九屆代表	第四選區：興隆、光隆、黃竹	
秘書	林金牆	任職期間：46年11月1日—63年3月1日				

第十一屆
鄉民代表會主席
賴宜東

第十一屆
鄉民代表會副主席
林錦良

第十一屆鄉民代表

就職日期：67年8月1日

卸職日期：71年8月1日

共11名

職稱	姓名	性別	學歷	經歷	選區	備註
主席	賴宜東	男	初商肄	農、第八、九、十屆代表	第三選區：頭汴、東汴、坪林	
副主席	林錦良	男	初商畢	農、第九、十屆代表	第四選區：光隆、興隆、黃竹	
代表	蘇樹生	男	高工畢	農	第一選區：太平、中平、東平	
代表	楊國順	男	國小畢	商	第一選區：太平、中平、東平	
代表	許長松	男	專科畢	輔導長保防官	第一選區：太平、中平、東平	
代表	何陳綉悅	女	國小畢	農牧	第一選區：太平、中平、東平	
代表	何春榮	男	高農畢	農、第十屆代表	第二選區：新光	
代表	田 牛	男	國小畢	農	第三選區：頭汴、東汴、坪林	
代表	陳阿源	男	初中畢	農	第三選區：頭汴、東汴、坪林	
代表	江春貴	女	高商畢	業務經理	第三選區：頭汴、東汴、坪林	
代表	林金枝	男	國小畢	第八、九屆光隆村長、第十屆主席	第四選區：光隆、興隆、黃竹	71.3 就任議員

第十二屆
鄉民代表會主席
蘇樹生

第十二屆
鄉民代表會副主席
何春榮

第十二屆鄉民代表

就職日期：71年8月1日
卸職日期：75年8月1日

共14名

職稱	姓名	性別	學歷	經歷	選區	備註
主席	蘇樹生	男	高工畢	農、第十一屆代表	第一選區：太平、中興、東平	
副主席	何春榮	男	高農畢	農、第十、十一屆代表	第三選區：新坪、新光、新福	
代表	陳秋梅	男	國小畢	農會代表	第一選區：太平、中興、東平	
代表	楊國順	男	國小畢	商、第十一屆代表	第一選區：太平、中興、東平	
代表	王寶章	男	陸官專班畢	連長	第二選區：中平、建國	
代表	張文伴	男	高中結業	土木包工業	第二選區：中平、建國	
代表	鄭高山	男	國小畢	商、獅子會長	第三選區：新坪、新光、新福	
代表	季林秀嬌	女	初中畢	鞋廠廠長	第四選區：坪林、宜欣、中山、光華	
代表	江連福	男	高工畢	商	第四選區：坪林、宜欣、中山、光華	
代表	許繡玉	女	高商畢	家管	第四選區：坪林、宜欣、中山、光華	
代表	陳俊哲	男	預備士官畢	嘉誠公司董事長	第四選區：坪林、宜欣、中山、光華	
代表	洪朝堂	男	高工畢	光億電子公司業務經理	第四選區：坪林、宜欣、中山、光華	
代表	張文田	男	國小畢	弘州鞋業公司總經理	第五選區：東汴、頭汴、興隆黃竹、光隆	
代表	林政炎	男	商專畢	農會理事、公司總經理	第五選區：東汴、頭汴、興隆黃竹、光隆	

第十三屆
鄉民代表會主席
蘇樹生

第十三屆
鄉民代表會副主席
何春榮

第十三屆鄉民代表

就職日期：75年8月1日
卸職日期：79年8月1日

共16名

職稱	姓名	性別	學歷	經歷	選區	備註
主席	蘇樹生	男	高工畢	農、第十一屆代表、第十二屆主席	第一選區：太平、中興、東平	79.6 出國
副主席	何春榮	男	高農畢	農、第十、十一屆代表第十二屆副主席	第三選區：新坪、新光、新福	79.6 代理主席
代表	陳秋梅	男	國小畢	農會代表、第十二屆代表	第一選區：太平、中興、東平	
代表	黃戴秀珠	女	高商肄	中縣婦女工商會會員	第一選區：太平、中興、東平	
代表	張文伴	男	高中結業	土木包工業、第十二屆代表	第二選區：中平、建國	
代表	李志鵬	男	商專畢	太平鄉公所村幹事	第二選區：中平、建國	
代表	韓永安	男	陸官通信科畢	通信組長兼副連長	第三選區：新坪、新光、新福	
代表	何國樑	男	政工幹校畢	太平鄉公所村幹事	第四選區：坪林、宜欣、中山、光華	
代表	朱炤焀	男	高中畢	後備軍人輔導組長	第四選區：坪林、宜欣、中山、光華	
代表	江連福	男	高工畢	商、第十二屆代表	第四選區：坪林、宜欣、中山、光華	
代表	朱茂忠	男	國中畢	農	第四選區：坪林、宜欣、中山、光華	
代表	陳香蘭	女	商專畢	塑膠公司業務主任	第四選區：坪林、宜欣、中山、光華	
代表	陳瑞敏	男	國小畢	社區理事會理事	第五選區：東汴、頭汴、興隆	
代表	張文田	男	國小畢	鞋業公司總經理、第十二屆代表	第五選區：東汴、頭汴、興隆	
代表	林政炎	男	商專畢	農會理事、公司總經理、第十二屆代表	第六選區：黃竹、光隆	
代表	林文明	男	國小畢	農	第六選區：黃竹、光隆	
秘書	廖連祥	任職期間：63年4月1日—76年11月1日				

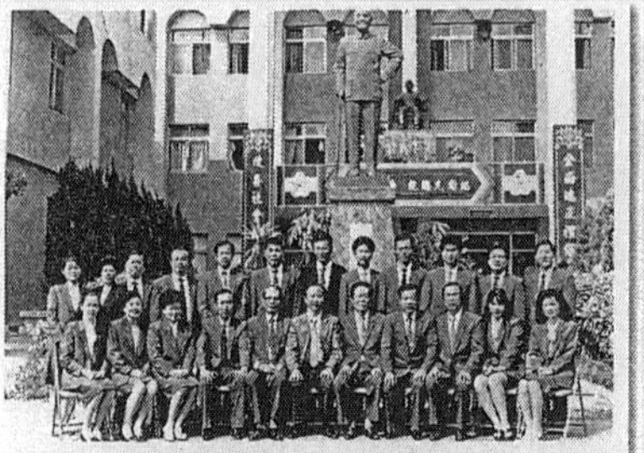

第十四屆
鄉民代表會主席
鄭高山

第十四屆
鄉民代表會副主席
張文伴

第十四屆鄉民代表

就職日期：79年8月1日
卸職日期：83年8月1日

共18名

職稱	姓名	性別	學歷	經歷	選區	備註
主席	鄭高山	男	國小畢	商、獅子會長、第十二屆代表	第三選區：新坪、新光、新福	
副主席	張文伴	男	高中結業	土木包工業、第十二、十三屆代表	第二選區：中平、建國	
代表	陳秋菊	女	國中畢	求好運交通公司總經理	第一選區：太平、中興、東平、長億	
代表	廖鳳山	男	國中畢	獅子會理事、義消副分隊長、太平工業社負責人	第一選區：太平、中興、東平、長億	
代表	陳國楨	男	高專肄	南光水電負責人	第一選區：太平、中興、東平、長億	
代表	何玫瑰	女	高中畢	家管	第一選區：太平、中興、東平、長億	81.04.07 更名為何郁青
代表	何秀鳳	女	高商畢	惠中才藝負責人	第二選區：中平、建國	
代表	劉東榮	男	國中畢	農	第三選區：新坪、新光、新福	
代表	朱炤焮	男	高中畢	後備軍人輔導組長、第十三屆代表	第四選區：坪林、宜欣、中山、光華	
代表	江連福	男	高工畢	商、第十二、十三屆代表	第四選區：坪林、宜欣、中山、光華	
代表	林慶宗	男	國中畢	宜欣村守望相助隊幹事	第四選區：坪林、宜欣、中山、光華	
代表	何國樑	男	政工幹校畢	太平鄉公所村幹事、第十三屆代表	第四選區：坪林、宜欣、中山、光華	
代表	鍾仁輝	男	高中畢	後備軍人輔導員	第四選區：坪林、宜欣、中山、光華	
代表	陳月鳳	女	初中畢	國華人壽專員	第四選區：坪林、宜欣、中山、光華	
代表	賴幸三	男	國小畢	農會理事監事	第五選區：東汴、頭汴、興隆	
代表	湯振騰	男	國小畢	農會農事小組長	第五選區：東汴、頭汴、興隆	
代表	蔡聖賢	男	國小畢	農會代表、光隆村第十一、十二、十三屆村長	第六選區：黃竹、光隆、德隆	
代表	林文明	男	國小畢	農、第十三屆代表	第六選區：黃竹、光隆、德隆	

第十五屆鄉民代表會主席
第一屆市民代表會主席
江連福

第十五屆鄉民代表會副主席
第一屆市民代表會副主席
廖鳳山

第十五屆鄉民代表

(85年8月1日改制為第一屆市民代表)

就職日期：83年8月1日
卸職日期：87年8月1日

共19名

職稱	姓名	性別	學歷	經歷	選區	備註
主席	江連福	男	高工畢	商、第十二、十三、十四屆代表	四：坪林、宜欣、中山、光華	87.3 就任市長
副主席	廖鳳山	男	國中畢	獅子會理事、義消副分隊長、第十四屆代表	一：太平、中興、東平、長億	87.3 代理主席
代表	陳國楨	男	商專肄	南光水電負責人、第十四屆代表	一：太平、中興、東平、長億	
代表	洪聰文	男	國中畢	明光熱處理股份公司董事長	一：太平、中興、東平、長億	
代表	賴瑞珠	女	高職畢	皇邨建設公司董事長	一：太平、中興、東平、長億	87.3 就任議員
代表	林錦堂	男	高工畢	兆立營造公司經理	二：中平、建國	
代表	倪芳榮	男	高商肄	倪統有限公司負責人	二：中平、建國	
代表	紀晉升	男	商工肄	新坪村第十三屆村長	三：新坪、新光、新福	86.12更名
代表	陳朝南	男	國中畢	太平國中家長委員	三：新坪、新光、新福	
代表	鄭仲良	男	國中畢	國泰人壽保險公司股長	三：新坪、新光、新福	
代表	劉伯堂	男	國小畢	大棠木業有限公司負責人	四：坪林、宜欣、中山、光華	
代表	許金基	男	國小畢	萬里營造公司董事長	四：坪林、宜欣、中山、光華	
代表	劉魏美智	女	國中畢	安君安親班負責人	四：坪林、宜欣、中山、光華	
代表	林茂裕	男	高工畢	晉裕運動器材實業社負責人	四：坪林、宜欣、中山、光華	87.3 就任議員
代表	鍾仁輝	男	高中畢	第十四屆代表	四：坪林、宜欣、中山、光華	
代表	賴幸三	男	國小畢	第十四屆代表	五：東汴、頭汴、興隆	
代表	賴來生	男	國小畢	農	五：東汴、頭汴、興隆	
代表	林德松	男	高工肄	農	六：黃竹、光隆、德隆	
代表	張枝傳	男	國小畢	農	六：黃竹、光隆、德隆	
秘書	張金德	任職期間：76年12月2日—83年4月1日				

第二屆
市民代表會主席
廖鳳山

第二屆
市民代表會副主席
洪聰文

第二屆市民代表

就職日期：87年8月1日
卸職日期：91年8月1日
共19名

職稱	姓名	性別	學歷	經歷	選區	備註
主席	廖鳳山	男	國中畢	義消副分隊長、第十四屆代表、第一屆市民代表會副主席	一：太平、中興、東平、長億	
副主席	洪聰文	男	國中畢	第十五屆代表	一：太平、中興、東平、長億	
代表	陳國楨	男	商專肄	南光水電負責人、第十四、十五屆代表	一：太平、中興、東平、長億	
代表	張錦燦	男	高工畢	錦墩企業負責人	一：太平、中興、東平、長億	
代表	何秀鳳	女	高商畢	第十四屆代表	一：太平、中興、東平、長億	
代表	林錦堂	男	高工畢	第十五屆代表	二：中平、建國	
代表	倪芳榮	男	高商肄	第十五屆代表	二：中平、建國	
代表	鄭仲良	男	國中畢	第十五屆代表	三：新坪、新光、新福	
代表	何麗秋	女	國中畢	瑞臣建設公司總經理	三：新坪、新光、新福	
代表	賴王月桃	女	國小畢	貫邦股份有限公司常務董事	三：新坪、新光、新福	
代表	邱秀惠	女	高中畢	誠營塑膠公司經理	三：新坪、新光、新福	
代表	劉伯堂	男	國小畢	第十五屆代表	四：坪林、宜欣、中山、光華	
代表	劉魏美智	女	國中畢	第十五屆代表	四：坪林、宜欣、中山、光華	
代表	黃存忠	男	工專畢	土地代書、宜欣國小家長會會長	四：坪林、宜欣、中山、光華	91.3 就任議員
代表	張大程	男	工商畢	中興汽車駕訓班班主任	四：坪林、宜欣、中山、光華	
代表	陳茂村	男	國小畢	駿鎧實業有限公司負責人	四：坪林、宜欣、中山、光華	
代表	林章吉	男	高中畢	德林農藥負責人	五：東汴、頭汴、興隆	
代表	蔡德勝	男	國小畢	農會代表	五：東汴、頭汴、興隆	
代表	張枝傳	男	國小畢	第十五屆代表	六：黃竹、光隆、德隆	

第三屆
市民代表會主席
陳啓煌

第三屆
市民代表會副主席
何秀鳳

第三屆市民代表

就職日期：91年8月1日
卸職日期：95年8月1日

共19名

職稱	姓名	性別	學歷	經歷	選區	備註
主席	陳啓煌	男	國中畢	順杰企業有限公司負責人、守望相助隊顧問	四：光華、中山、坪林、宜欣	
副主席	何秀鳳	女	高商畢	太平市婦聯會理事、第十四屆鄉民代表、第二屆市民代表	一：太平、東平、長億、中興	
代表	賴生德	男	國中畢	太平村第十三、十四屆村長、太平里一、二屆里長	一：太平、東平、長億、中興	
代表	蕭學全	男	國小畢	民進黨全國黨代表、民進黨臺中縣黨部執行委員	一：太平、東平、長億、中興	
代表	張鶴松	男	初職畢	東平社區發展協會理事長、農會代表	一：太平、東平、長億、中興	
代表	江清石	男	高中畢	主宇塑膠(股)有限公司總經理	一：太平、東平、長億、中興	
代表	林錦堂	男	高工畢	第十五屆代表、第二屆市民代表	二：中平、建國	
代表	倪芳榮	男	高商肄	第十五屆代表、第二屆市民代表	二：中平、建國	
代表	何麗秋	女	國中畢	第二屆市民代表	三：新光、新福、新坪	
代表	賴王月桃	女	國小畢	第二屆市民代表	三：新光、新福、新坪	
代表	賴義鍠	男	高職	太子鎮二、三屆主委	三：新光、新福、新坪	95.3 就任議員
代表	邱秀惠	女	高中畢	第二屆市民代表	三：新光、新福、新坪	
代表	韓路珍	女	空大肄業	臺中縣青年菁英協會總幹事	四：光華、中山、坪林、宜欣	
代表	陳茂村	男	國小畢	第二屆市民代表	四：光華、中山、坪林、宜欣	
代表	林清棟	男	國中畢	長虹影視育樂傳播公司執行長	四：光華、中山、坪林、宜欣	
代表	劉伯堂	男	國小畢	第十五屆代表、第二屆市民代表	四：光華、中山、坪林、宜欣	
代表	周賜臺	男	國中畢	頭汴里第十四、十六屆村里長、農會代表	五：興隆、頭汴、東汴	
代表	林章吉	男	高中畢	第二屆市民代表	五：興隆、頭汴、東汴	
代表	張枝傳	男	國小畢	第十五屆代表、第二屆市民代表	六：德隆、黃竹、光隆	
秘書	張金水	任職期間：83年5月10日—94年1月16日				

第四屆
市民代表會主席
張枝傳

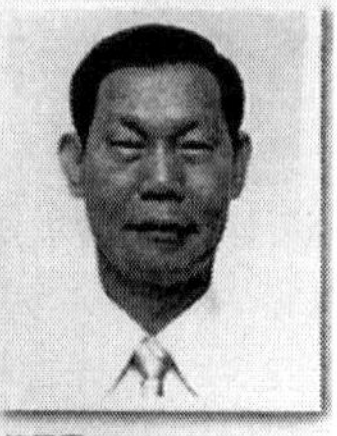

第四屆
市民代表會副主席
江清石

第四屆市民代表

就職日期：95年8月1日
卸職日期：99年12月25日　　共19名

職稱	姓名	性別	學歷	經歷	選區	備註
主席	張枝傳	男	國小畢	第一、二、三屆市民代表	第六選區	
副主席	江清石	男	高中畢	農會監事、第三屆市民代表	第一選區	
代表	賴生德	男	國中畢	體育協會舞蹈委員會理事、太平村第十三、十四屆村長、第三屆市民代表	第一選區	
代表	張鶴松	男	初職畢	農會常務監事、第三屆市民代表	第一選區	
代表	何秀鳳	女	大專畢	第十四屆代表、第二屆市民代表、第三屆市民代表副主席、婦聯會理事	第一選區	
代表	林錦堂	男	高工畢	第一、二、三屆市民代表、後備軍人輔導中心督導員	第二選區	
代表	倪芳榮	男	高商肄	體育會理事長、民防消防隊顧問、第十五屆代表、第二、三屆市民代表	第二選區	
代表	賴王月桃	女	國小畢	第二、三屆市民代表、新福社區發展協會理事	第三選區	
代表	李明淦	男	大學畢	觀光休閒產業協會秘書長、家長會顧問	第三選區	
代表	陳連吉	男	工專畢	守望相助隊顧問、臺灣廣亮慈善會員	第三選區	
代表	邱秀惠	女	高中畢	第二、三屆市民代表、獅子會理監事	第三選區	
代表	蔡振修	男	高中畢	警友站顧問、老人會顧問	第四選區	
代表	凃聰賢	男	國中畢	萬寶土木包工業負責人、消防隊顧問	第四選區	
代表	林錦輝	男	高職畢	第二屆中山里里長、合氣道委員會副主委	第四選區	
代表	林清棟	男	高職畢	第三屆市民代表、義警顧問	第四選區	
代表	韓露徵	女	空大肄業	第三屆市民代表	第四選區	97.3更名
代表	林章吉	男	高中畢	第二、三屆市民代表	第五選區	
代表	江思涵	男	研究所	工安管理員、立糧石材廠務管理	第五選區	
代表	廖湧洲	男	高職畢	廣興宮委員、家長會常委	第六選區	
秘書	劉晏宗	任職期間：94年1月16日—99年12月24日				

臺中縣市於99年12月25日升格改制為直轄市，時序也邁入了民國100年，處在這個歷史時刻，文欽能夠繼續為太平鄉親服務，深感榮幸，將繼續秉持熱愛鄉土的精神，努力「保存太平地方特色，發展直轄市大格局的都市風貌」，全力以赴為鄉親謀福利，為太平求發展。

太平鄰近臺中市區，不但擁有美好的山川田園，風景優美，人文薈萃，且農工商業均衡發展，目前新光區段徵收已經完成，生活圈4號道路正積極施工。展望未來，太平發展充滿活力與潛力，文欽將在既有基礎下，結合各界智慧，打造未來太平的新格局。

進入民國100年，文欽與公所團隊肩負著帶領市民走向縣市合併升格的新責任。未來將朝下列目標努力前進：

（一）建設躍進，打造美好生活：

拓展公共建設，整合街道路標號誌系統、增設偏僻巷道監視系統並配合警政、巡守隊加強巡視，全面優化治安。完成雨水下水道排水工程，使太平減少水患。

（二）行政革新，永續經營家園：

站在市民角度考慮問題，讓服務更貼心，一切施政應以民眾福祉為依歸，提供市民更貼心的服務。

（三）注重環保，確保優質空間：

河川與山林同樣是太平的資產，未來將投入更多心力，關注生態保育及自然工法，提昇市民優質生活環境。

▼太平古農莊入口意象

▶余市長親手致贈兒童節禮物

▲枇杷節為太平每年度的農業盛事

（四）行銷景點，擴大地方商機：

整合休閒農業，結合產業吸引觀光，致力太平人文產業的保存與創新。

（五）整合資源，帶動農業發展：

結合公所、農會與民間資源，共同照顧農民，擴大農業效益，延伸生態、休閒農園的商機。

不管走到哪個角落，文欽總是想著如何為鄉親謀求更高的福祉，將地方長遠發展列為優先考量。從「太平鄉」、「太平市」、「太平區」，我們正在寫歷史，身為太平之子，文欽永遠心繫故鄉，讓我們一起為新太平的建設而打拼！

太平區行政區域圖

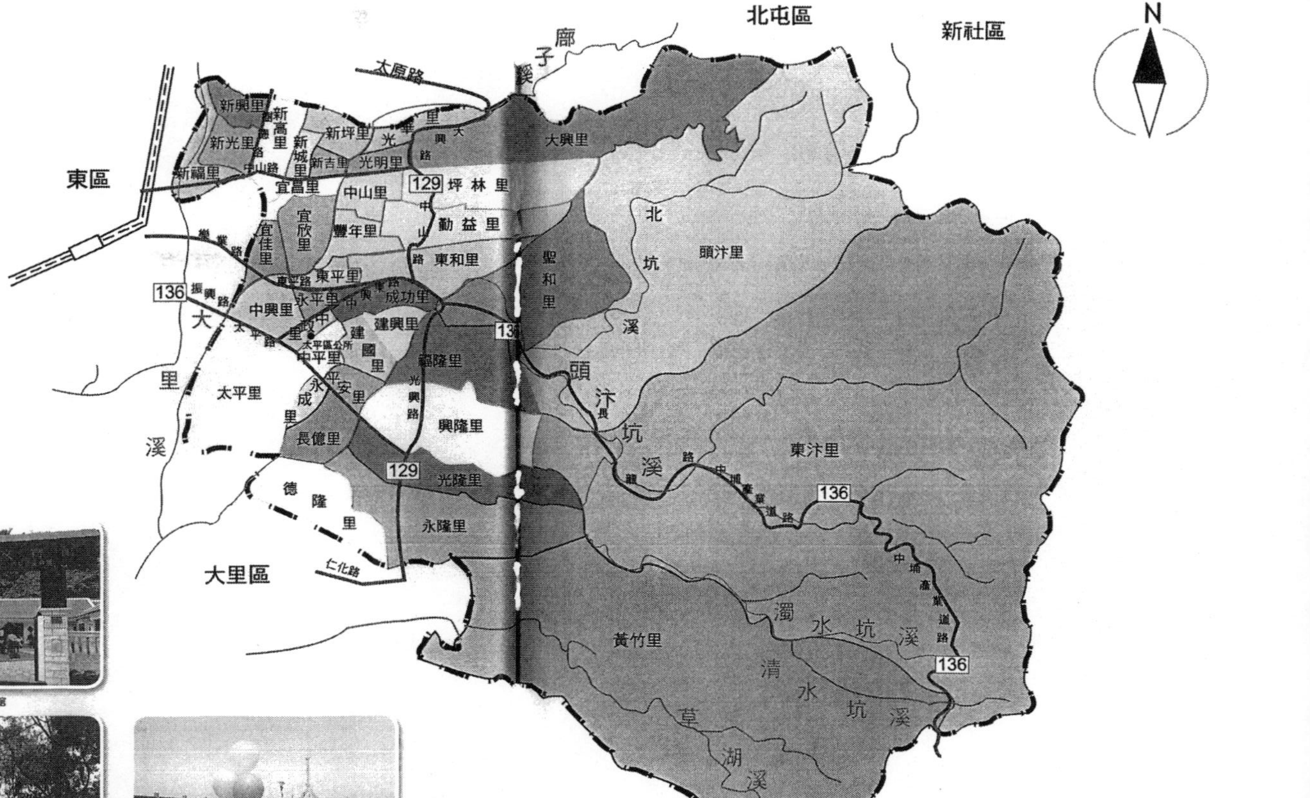

▲古農莊文物館

▲頂坪公園

▲頭汴坑溪景觀橋

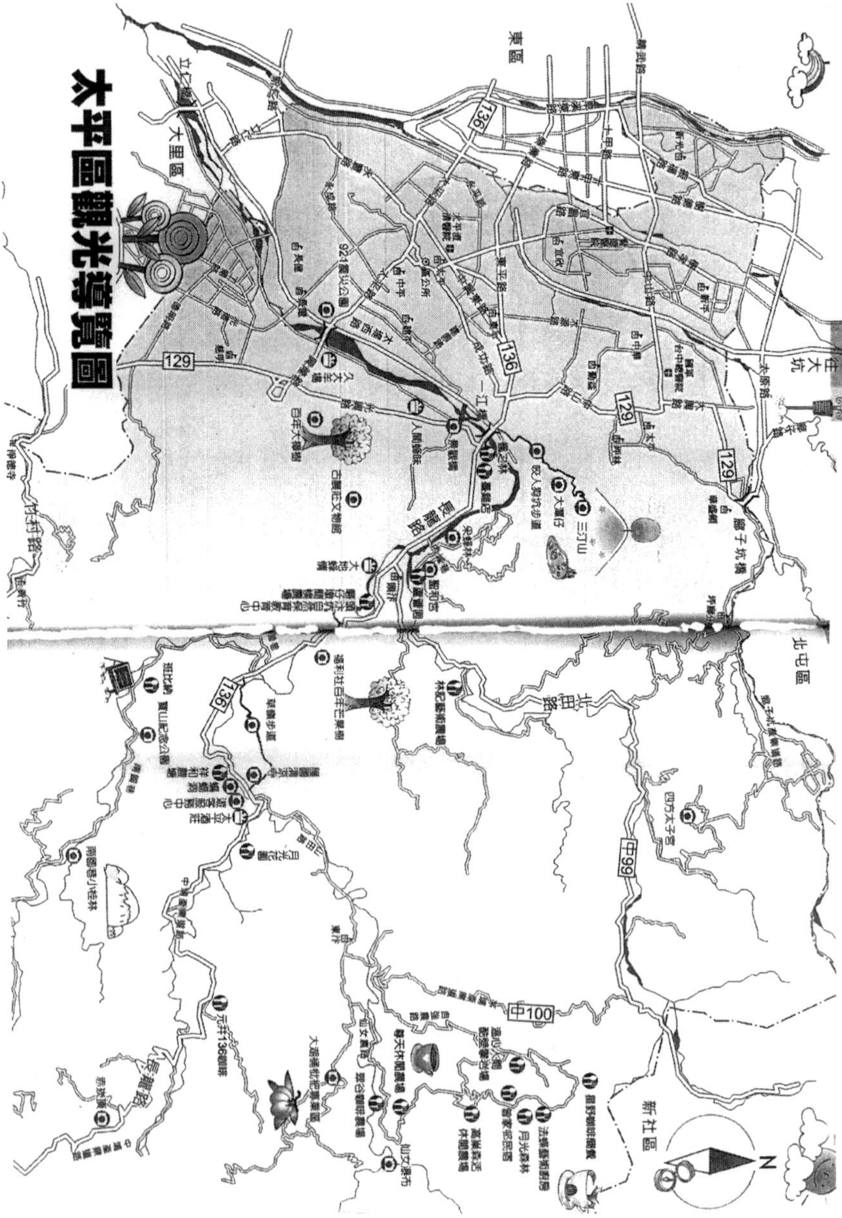
太平區觀光導覽圖

第二篇 臺中龍井陳家略考

大妹、小妹在臺中火車站前，約民國 55 年。

第八章　陳姓源流：古帝虞舜后裔之姓

據《史記・陳杞世家》記載，舜在當天子之前，帝堯把兩個女兒娥皇、女英嫁給他，讓他們居於「嬀汭」（嬀水彎曲的地方）。舜的後代有以水命姓，就姓嬀。舜死以後，傳位給禹，禹的兒子商均于虞（在今河南虞城縣北）。後來虞國「或失或續」。商朝末年，商均的三十二代孫遏父（又稱閼父），投附周圍，擔任陶正（官名），因制陶技藝精湛，深得姬昌歡心。娥皇的兒子姬發（周武王）滅商建立周朝後，追封遺民，把遏父的兒子嬀滿封於陳（今河南淮陽），國號陳，爲侯爵，讓他奉守帝舜的宗祀，並將大女兒太姬嫁給他爲妻。嬀滿死後，謚號爲陳胡公，胡又稱胡公滿，其子孫有的以國爲氏，就是陳氏。此即《新唐書・宰相世系》所云：「陳氏出自嬀姓，虞帝舜之後。」今河南淮陽縣柳湖旁邊有陳胡公墓，因護城河水侵蝕墓址，以鐵錮之，故俗稱鐵墓。

自嬀滿封陳到公元前四七九年陳閔公亡于楚，陳國共傳廿世、廿六代君王，歷時五八八年。其間嬀滿爲第十二代孫陳完（即田敬仲）因避難，於公元前六七二年逃到齊國，改姓田，其子孫世任作齊國的大夫、卿、相，至十世孫田和，奪取姜姓齊國政權，建立了田氏齊國，又傳八君一八四年，至十六世孫田建時，被秦始皇所滅，田建有三個兒子長子升，次子桓先後改姓王氏；三子田軫出逃，後遷至潁川（今河南禹州、許昌、長葛一帶），恢復陳姓。此後，陳氏在中原瓜瓞連綿。生齒甚眾，發展成爲名門巨族。

陳姓還有一支是少數民族改姓，也出自河南，即《魏書・官氏志》所載：北魏孝文帝自山西大同遷都洛陽後，於四九六年將北鮮卑族三字姓侯莫陳氏改爲單姓陳氏。

據陳氏族譜及有關史書記載，自陳國發生內亂至亡國，陳氏有幾次外遷，如公元前五三五年楚伐陳，陳君留避難遷至陳留（今屬河南開封）；楚滅陳，公子陳衍遷至陽武戶牖鄉（在今河南蘭考縣境），公子全溫逃到晉（今山西）等，其中支系清晰、繁衍昌盛的是以陳軫爲始祖的穎川陳氏。陳軫的獨生子陳嬰，秦時任東陽令史，陳子陳余爲成安君，曾孫爲陳軌。軌的四世孫陳願有四子，第三子陳齊又有三子，其長子陳寔，子仲弓，東漢時人，在陳氏族系中是個很關鍵的人物。他曾入太學就讀，後任太丘長，黨錮之禍被連，爲解脫別人，他自請囚楚，黨禁解，居多不仕，常爲人排憂解難。有一年鬧災荒，有盜夜人入其室，躲在屋梁上，他發覺後，喊來子孫，正色教訓道：「人不可不自勉，不善之人，未必本惡，習以性成，遂至於此，梁上君子者是矣！」行竊者大驚，自投於地，叩頭請罪。他令送絹兩匹放歸，從此全縣無盜竊案件。「梁上君子」的典故即出於此．陳堂的六個兒子也很有名戶，尤其是長子陳紀四子陳諶、與陳楚合稱三君，曾作爲封建道德的典範而圖像百城。陳諶的玄孫陳伯眕，於西晉末建興年間渡江，居曲阿（今江蘇丹陽）新豐湖，其孫陳世達任長城令，徙居長城（今屬浙江）下若里，傳十世而有陳談先、陳霸先（即東武帝）、陳休先、陳霸先在南朝梁任征虜將軍，受封陳王，於五五七年代梁稱帝，國號陳。建都建康（今江蘇南京），陳國歷五帝三十三年，於五八九年爲隋所滅。此期，陳國封了許多陳姓王，使陳氏子孫遍布長江與粵江之間，其中，宜都王陳叔明的十世孫陳環，在唐朝任臨海令，爲避難遷至福建泉州仙遊縣。陳環第五子陳伯宣隱居於江西廬山，其孫陳旺于唐文宗太和六年（八三二年）徙居江西德安縣太平鄉常樂里，成爲江洲義門陳氏開基祖。陳旺以孝治家，世代相傳，歷時二三〇年，形成一個擁有三千七百多口人，三百多處田庄、前後十九代同居共飲的龐大家族，直到宋仁宗嘉祐七年（一〇六二年），由皇帝派人協助析遷，才分散於十六個省的一百二十五個地方。

唐朝初期和中期，中原陳氏有兩次南遷福建是影響深遠的。唐高宗總章二年（六六九年），朝遷派河南固始人陳政（胡公滿的六十八世孫）任嶺南行軍總管，率兵鎮庄福建南部的「蠻獠嘯亂」，因不敵眾，退守九龍山；朝遷又派陳政的哥陳敏、陳敷領軍校五十八姓組成援兵，去閩途中，陳敏、陳敷卒，其母魏氏代領其眾入閩。儀風二年（六七七年）四月，陳政卒，由其二十歲的兒子陳元光代父領兵，經過九年戰爭，局勢平定後，於垂拱二年（六八六年）報請朝遷批准，設置了漳州郡。陳元光「率眾辟地復屯，招徠流亡，營農粟，通商專工」，使漳州一帶「方數千里無桴鼓之警」（見〈漳州府志〉），因之被後人尊爲「開漳聖王」，其子孫稱爲「開漳聖王派」，成爲「閩、粤、臺及南洋諸島陳姓最主要的一支。臺灣現有陳聖王廟五十三所，這從一個方面表明了臺灣同胞對陳元光的崇敬之情。再就是潁川陳寔后裔陳忠之子陳邕，唐中宗時進士，官至太子太傅，因受宰相李林甫排擠，遷至福建同安，又徙漳州南廂山；其子陳夷行，唐文宗時任宰相。陳邕的裔孫陳洪進，宋初曾任宰相，封南康郡王；其兩個兒子文福，文灝分別任泉州刺史、漳州刺史，此後子孫興旺，在福建發展成爲「太傅派」陳氏，尊陳邕爲「南院」始祖。

陳氏入粤，始於南宋。北宋末年，金兵南侵，中原士士族大批南遷，陳賽後裔陳魁率族人九十三口移居福建寧化、上杭，至其曾孫二郎、三郎再遷至廣東程鄉（今梅州市），後散居大埔、興寧、長樂、龍川等縣，陳氏入臺，始於明末。福建同安人陳永華，於明末隨鄭成功入臺灣。鄭經主臺時官至陳寧總制使，在臺灣建立屯田制度，設立學校被尊爲陳氏入臺始祖。自清初至新中國建立的三百多年間，陳氏遷臺人數很多，其中僅武榮詩山霞宅陳氏一支即有二千余口，因此使其成爲臺灣人口最多的首姓大族，與林姓共有「陳林半天下」之美譽。陳氏遷入越南的歷史比較久遠，至宋代人數更多，有的成爲安南（今越南）王朝重臣。其中，李朝女皇李昭皇之夫陳煚（即陳煚），於一二二八年創建越南陳朝，傳八世十三王，歷時一七五年，促進了陳姓人口的發展。至今，陳姓仍被列爲越十大姓之首。陳氏移居日本，始於明初，大都是由明太祖朱元璋派去的水手，此水手有的在琉球群島落戶。明清以後，閩箅等沿海地區的陳氏，有許多人出海謀生。例如：福建永春人陳臣留，先於乾隆十八年（一七五三年）到馬來西亞經商，後又率領親族百餘人遷居馬來西亞和新加坡。另有一些人分別遷至菲律賓、泰國、印度尼西亞和美、英、法、加拿大、澳大利亞等國家，分布相當廣泛，他們對當地的繁榮與進步都做出了積極的貢獻。

在歷史的長河中，陳氏人才輩出，彪炳於史冊者數不勝數。公元前二〇九年，陽城（今河南登封東南）人陳勝，領導九百戍卒，舉行了中國歷史上第一次大規模農民起義，曾在陳（今河南淮陽）建立張楚政權。西漢時，陽武（今河南原陽東南）人陳平，在惠帝、呂后、文帝三朝任丞相；還有抗匈權名將陳湯。新莽末年有綠林起義軍將領陳牧。東漢有法律學家陳寵，「忠義老臣」陳蕃，文學家、建安七子之一陳琳。西晉有史學家、《三國志》作者陳壽。十六國時，前趙人陳安，組織武裝反抗前趙統治，光初五年（三二二年）稱涼王。北魏時，有涇州屠各胡（匈奴的一支）武裝起義領袖陳瞻稱王，年園聖明。唐代，陳氏有三人任宰相，還有文學家陳子昂、陳鴻，詩人陳陶，高僧陳偉（即玄奘），大將陳玄禮，浙江農民起義女首領陳碩真曾稱文佳皇帝。五代、宋初有著名道士陳摶。北宋有音韻家陳彭年，詩人陳師道，醫學家陳自明。南宋時，陳姓最著名的人物是思想家、文學家陳亮，他才氣超邁，力主抗金，屢次被捕，出獄後志氣益勵；提倡注意事業功利有補國計民生的「事功之學」，其攻論氣勢縱橫，筆鋒犀利，詞作感情激越，風格豪放。南宋時還有詩人陳與義，學者陳傅良，畫家陳居中，藏書家陳振孫，江西農民起義領袖陳顯，湘、粵、瑤、漢人民聯合起義領袖陳峒，贛、閩、粵邊界地區農民起義首領陳三槍。元初有福建漢族、畲族人民起義首領陳吊眼；元末湖北沔陽人陳友諒稱帝，建都江州（今江西九江），國號漢，年號大義。明代，陳氏最著名的人物是明末畫家陳洪綬，他擅出人物、仕女，評者謂其力量氣局在唐寅、仇英之上；也工花鳥、草蟲，兼能山水，與崔子忠齊名，有「南陳北崔」之稱。此外明代還有旅行家陳誠，學者陳獻章、陳建，畫家陳道復，散曲家陳鐸，音韻家陳第，戲曲作家陳與郊，外科學家陳實功，文學家、書畫家陳繼儒，史學家陳邦瞻；明清之際有思想家陳確，散文家陳貞慧。小說家陳忱。清代，廣西臨桂人陳宏謀，乾隆時歷任陝、湘、蘇等省巡撫及湖廣總督，任職期間興修農田水利，提倡植樹、養蠶、種山薯，均有成效，是一位很有政績的地方官；福建同安人陳化成，歷任總兵、提督，一八四二年六月英艦多艘，後率孤軍奮戰，與所屬官職兵英勇戰死，寫下了可歌可泣的一頁。清代還有詩人陳共尹、陳文述、文學家陳維崧、陳沉，女文學家陳瑞生，經學家陳奐、陳立、陳喬樅，學者陳壽祺、陳澧、水利家陳潢，醫學家陳修園，篆刻家陳豫鐘、陳鴻壽、金石學家陳介祺，太平天國將領陳玉成、陳得才，上海小刀會首領陳阿林。控有民主革命家陳天華，畫家陳衡恪等，最著名的人物是愛國華僑領袖陳喜庚。

據中國科學院遺傳研究所的專家考証，陳姓約占漢族人口的百分之四點五，即世界上陳姓超過五千萬人，是當今中國的第五大姓，在南方人中所占比例較高。另外，陳氏不僅是漢族大姓，而且還比較廣泛地分布於女真、蒙古、布依、哈尼、滿、瑤、苗、土、羌、侗、回等少數民族中。

根據臺灣省文獻會說，五代十國中原戰亂，許多原本留居河南的陳氏，又紛紛入閩，福建的陳姓陣容爲之一壯。後來，宋代靖康之亂時避難到福建的陳姓族人更多，就這樣福建陳姓成了大族。

據臺灣省文獻會考證，第一個到臺灣來的陳氏是隨延平郡王收復臺灣的陳澤，他的後裔目前仍在臺南市繁衍著。

此後，陳姓移臺日多，從明永曆十年（一六五六年，清順治十三），到永曆三十五年間，這廿五年就有陳元、陳水地、陳永榔、陳忠欽 等近二十陳姓族人到臺灣。他們或隨軍，或墾荒，爲臺灣開發立下最早的基業。

至於本篇主述的「臺中龍井陳家」，他們的移臺就更晚了，下章概說。

第九章　臺中龍井陳家略考

我的身份證上雖然寫著祖藉四川成都，那是父系的淵源，但我從小聽媽媽說她們來自「泉州」，小時候不懂何謂「泉州」？泉州又在那裡？一定在很遙遠的地方，否則爲什麼連媽媽也沒去過！我始終有些疑問！有些好奇！像一個永遠的「好奇寶寶」。

人慢慢長大了，遲早也會知道「泉州」在那裡？畢竟這只是高中生的習題。但當我知道泉州在那裡後，心中卻引出另一項更不易追證的問題，「龍井陳家是何時從泉州移民過來的？」以及「移民臺灣就住龍目井、水裡社嗎？」；到後來，我想到的更多，龍井陳家現在到底第幾代了？第一代祖、二代祖是誰？……都沒有答案

因爲龍井陳家雖是大族，但並非望族，幾代以來都是種田人，並無功名，未曾出過什麼大人物，故無史料記載。我心中想著那些問題必是永遠無解，親友也沒有人關心這項冷門的「歷史問題」。

民國九十二年二月二十七日（農曆正月二十七日），臺中龍井陳家最後的長老陳火先生（我舅舅）仙逝，他生於民國二年六月十八日，享壽九十一歲。（見訃聞甲）

幾年前一次家族親友聚會，偶然間聽表兄陳坤協（陳火先生的二子）提起，老先生手上有一份「族譜」，生前都是老人家在記錄，從清代移民臺灣以來，歷代陳家都有記錄可查，老人走了此事就沒人管了，「族譜」現由他（表兄坤協）保管。

我如獲至寶，立即找一個機會向表兄要來（影印如後）。這是一份簡略的「非正式」族譜，但至少清楚記載臺中龍井陳家從福建泉州移民臺灣臺中的第一代世祖，及其後的幾代，按族譜及目前現狀，龍井陳家已繁衍到第七代，經整理如下表。

根據舅舅陳火先生這份簡要族譜，陳家原鄉是福建省泉州府同安縣六都施盤鄉馬巷，移居臺灣島臺中州大甲郡龍井庄龍目井字水裡社。顯然是在臺灣割日時移入的，今將陳家先祖簡述如後。

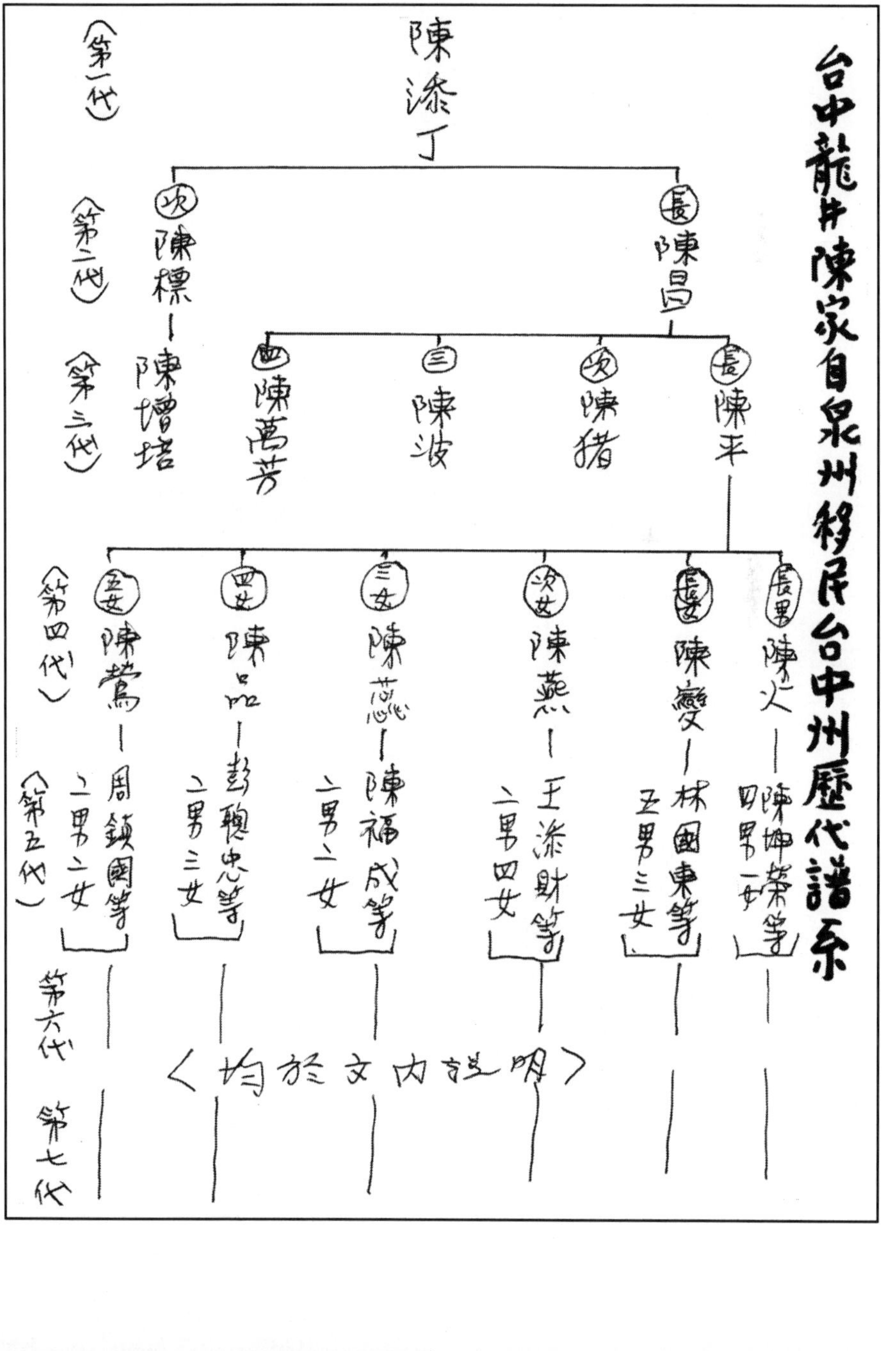
台中龍井陳家自泉州移民台中州歷代譜系
（第一代）
陳添丁
（第二代）
長 陳昌
次 陳標
（第三代）
長 陳平
次 陳猪
三 陳波
四 陳萬芳
陳增培
（第四代）
長男 陳火
長女 陳愛
次女 陳燕
三女 陳蕊
四女 陳品
五女 陳鶯
（第五代）
陳坤榮等 四男一女
林國東等 五男三女
王添財等 二男四女
陳福成等 二男二女
彭聰忠等 二男三女
周鎮國等 二男二女
第六代
第七代
〈均於文內說明〉

第一代世祖陳公添丁

生於道光庚子年（一八四〇）六月十二日，卒於民國四年（一九一五）十月二十日午時別世，享壽七十五歲。族譜（如後），只記載「移居臺灣島臺中州大甲郡龍井庄龍目井字水裡社36番地」，並未記何年移臺。世祖葬在龍井水裡社共同墓地，他育有二子，長子陳昌，次子陳標。

第二代世祖陳公昌

陳昌所綿衍下來就是筆者母親這一系統（我母親陳蕊叫陳昌阿公，見譜系表）。陳昌生於清同治五年（一八六六）九月十四日，卒於民國二十六年四月二十二日。享壽七十一歲。族譜上記載他「娶蔡氏馬斷之三女」，蔡匏爲妻，育有四子，長子陳平、次子陳豬、三子陳波、四子陳萬芳。這四人中，陳平是我外公，餘三人都叫叔公，四叔公陳萬芳先生家族見「訃聞乙」。

陳添丁的次子陳標（對筆者言，是曾外祖父的弟弟），族譜記載他婚後無生育，而是從兄弟的孩子「過枝」，這位過枝應是陳增培（我也叫叔公），他的後代族譜上沒有記載。幸好他有一個女兒叫陳修桂（見訃聞丙），小筆者幾歲，年少時與筆者兄妹常一起遊玩。因輩份與我母親同輩，我們只好叫她「小阿姨」，如今（二〇一二年）也快六十歲了。陳增培家族關係也見訃聞丙。

第三代祖陳公平

陳平生於光緒十七年（一八九一）九月二十五日，娶妻陳彭宜，這是我母親的父母，我外公外婆。外公早逝（族譜記載不詳），我未曾見過，外婆印象深刻，童年時每年都和媽媽到外婆家，那時家族還算人多，很熱鬧。

我外婆陳彭宜，生於清光緒二十二年（一八九六年）農曆六月十二日，逝世於民國五十六年農十二月十六日。

第四代我舅舅、母親、阿姨

第三代祖陳平（我外公），育有一男五女，他們就是我舅舅、阿姨和我母親。長男陳火（見族譜、訃聞甲）、長女陳變（嫁林姓農人、從事農耕）、二女陳燕（嫁從事農漁業的王家）、三女陳蕊（嫁陳姓軍人、我父親陳健民）、四女陳品（嫁從事運輸業的彭家）、五女陳鶯（嫁從事農業的周姓人家）。以上除長女（我大阿姨）、三女（我母親）及舅舅均已仙逝，餘仍健在，惟年事已高。

第五代：我兄妹及表兄弟姊妹共32人

在我小時候，每年春節一定隨媽媽回娘家，那時外婆、舅舅仍在，幾代人都住一起，有表有堂，稱謂我常弄不清楚。但我母親這一系統的表兄弟姊妹，大多見過，有的也一起玩過，每年春節在外婆家住幾天後，接著到大阿姨家（新庄）、二阿姨家（海埔）、四阿姨家（沙鹿）、五阿姨家（大甲）若春節未去，也會在別的拜拜節慶去，每年至少會去一次。

童年玩伴間的相互稱呼，通常叫小名、乳名乃至頑皮給對方取有趣的外號，根本不知道正式姓名，尤其初中以後，絕大多數各奔前程，幾十年不見人也就不認識了。

大阿姨家的男生最有趣，五個男生分別叫國東、國西、國南、國北、國中，女生有淑媛、淑錦等。

二阿姨家的男生有阿呆和添財，女生有金花、秀雲、秀碧，還有一個二女兒大人叫都叫她「怪啊」！

老三是筆者母親，我上有一個哥哥，下有兩個妹妹，鳳嬌和秀梅。

四阿姨有兩個男生，聰忠和寶賢，女生有麗瓊、麗菊和麗玲。

五阿姨有兩個男生，鎮國和阿忠，女生有阿蜜和阿錦。

以上這些和我同輩份的兄弟姊妹，總共三十多位，名字我不全記得。我們算是龍井陳家從第一代移民來臺的開臺始祖陳添丁之後裔第五代，其實離開原鄉福建泉州才一百多年，年代不算太久。

我們這些陳添丁的第五代孫，年 紀也不輕了，平均年齡大約在五十五到七十歲之間。而舅舅和大阿姨的長子，現在可能超過七十歲。這表示我們這些第五代很多人當了祖父、祖母，這也表示龍井陳家有第六代、第七代。

例如，筆者大妹長子鄭聯臺已有二個女兒，小妹的長女也有一個女兒，他們是開臺祖陳添丁的第六、七代裔孫（均見書前照片）。這些關係在以前從未有人知曉，直到本書出版前。

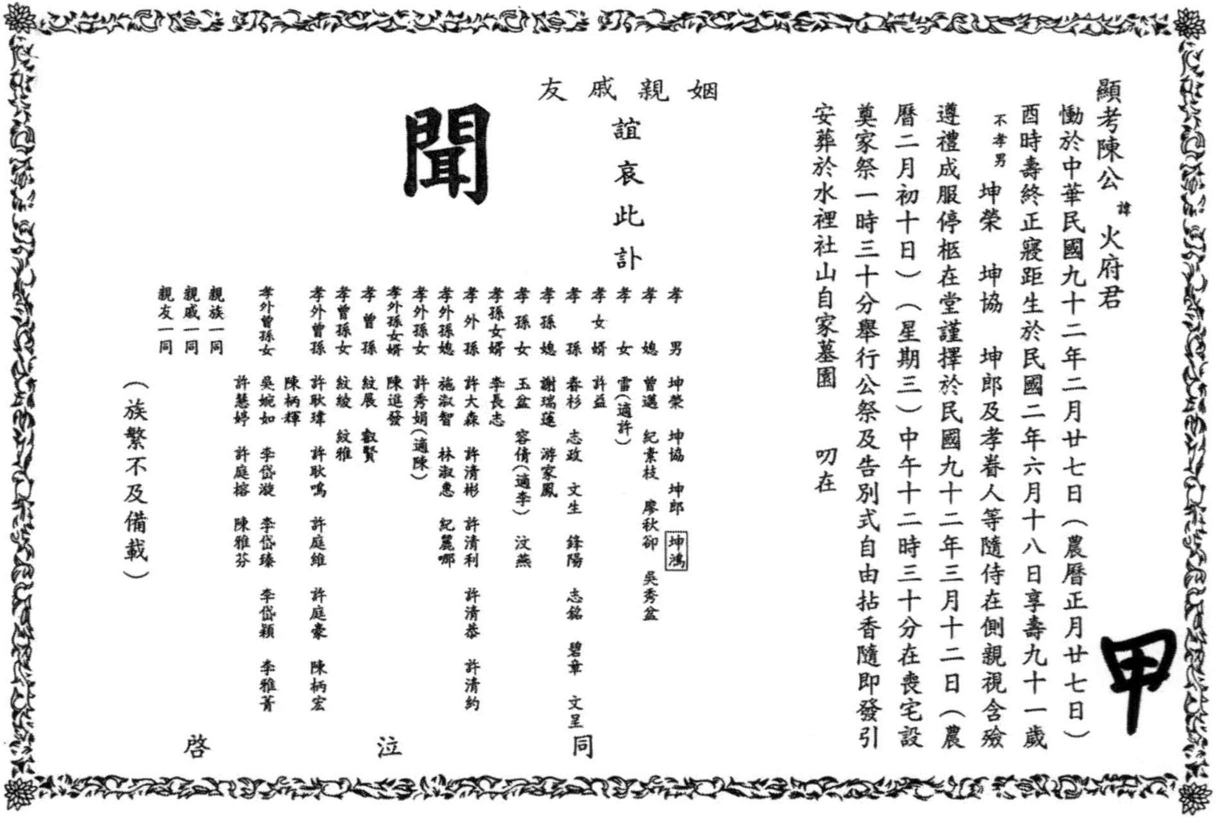

顯考陳公諱火府君

慟於中華民國九十二年二月廿七日（農曆正月廿七日）

酉時壽終正寢距生於民國二年六月十八日享壽九十一歲

不孝男 坤榮　坤協　坤郎及孝眷人等隨侍在側親視含殮

遵禮成服停柩在堂謹擇於民國九十二年三月十二日（農

曆二月初十日）（星期三）中午十二時三十分在喪宅設

奠家祭一時三十分舉行公祭及告別式自由拈香隨即發引

安葬於水裡社山自家墓園　　叨在

姻親戚友

誼哀此訃

聞

孝　　男　坤榮　坤協　坤郎　坤鴻

孝　　媳　曾邁　紀素枝　廖秋卻　吳秀盆

孝　　女　雷（適許）

孝 女 婿　許益

孝　　孫　春杉　志政　文生　鋒陽　志銘　碧章　文呈

孝 孫 媳　謝瑞蓮　游家鳳

孝 孫 女　玉盆　容倩（適李）　汶燕

孝孫女婿　李長志

孝 外 孫　許大森　許清彬　許清利　許清恭　許清約

孝外孫媳　施淑智　林淑惠　紀麗娜

孝外孫女　許秀娟（適陳）

孝外孫女婿　陳進發

孝 曾 孫　紋展　叡賢

孝曾孫女　紋綾　紋雅

孝外曾孫　許耿瑋　許耿鳴　許庭維　許庭豪　陳柄宏

陳柄輝

孝外曾孫女　吳婉如　李岱凝　李岱臻　李岱穎　李雅菁

許慧婷　許庭榕　陳雅芬

同泣啓

親族一同

親戚一同

親友一同

（族繁不及備載）

顯考陳公諱萬芳府君慟於中華民國九十年八月廿四日(農曆七月六日)巳時壽終正寢距生於民國四年農曆正月初二日享壽八十有七歲 不孝男 錦喜 錦源 錦滄 錦華等隨侍在側親視含殮遵禮成服停靈在堂謹擇於中華民國九十年九月一日(農曆七月十四日)(星期六)上午八時卅分在喪宅設奠家祭九時卅分舉行告別式隨即發引台中市立火葬場火化

叨在

世寅學鄉友親姻

誼 哀此訃

聞

護喪妻 陳莊淡密
孝男 錦喜 錦源 錦滄 錦華
孝媳 邱秀蘭 李秀月 林惠如 翁淑貞
孝女 莊錦梅(適鍾) 莊錦秋(適盧) 錦英(適陳)
孝女婿 鍾英賢 盧建國 陳萬記
孝孫 德欽 火全 德馨 德文 金雄
金佑 銘川 韋廷 永章
孝孫媳 謝素珍
孝孫女 培香(適賴) 玉專 雅玲
孝孫女婿 賴峰佑
孝外孫 盧志成 盧志良 旺成 建宏
孝外孫媳 吳苑菲 林秀潔 邱美琴
孝外孫女 郭涼桂 鍾淑珍 鍾右琳(適劉)
鍾淑暖(適顏) 盧玉蘭(適查) 雅琴(適陳)
孝外孫婿 劉旭國 顏坤泉 查念誠 陳輝明
孝曾孫 冠廷
孝曾孫女 雅萍 雅欣
孝外曾孫 賴偉銘 賴宜館 陳宜鴻 陳宜麟 陳穎辰
外曾孫女 賴馨涓 賴詩淳 陳玠霖

泣

親族
親戚 一同
親友
(族繁不及備載)

啓

先室陳母王夫人閨名品娘

慟於中華民國八十七年八月十五日（農曆六月廿四日）下午二時廿五分壽終內寢距生於民國十四年七月一日子時享壽七十有四齡不孝男金樹 金杉 金裕 金瑞率孝眷人等隨侍在側親視含殮遵禮成服停柩在堂謹擇於中華民國八十七年九月二日（農曆七月十二日）星期三中午十二時三十分在喪宅舉行家奠禮（家祭）下午一時三十分起舉行公奠禮後隨即發引安葬於龍井鄉看西塚公墓 叨在

姻親戚友

誼 哀此訃

聞

夫 陳增培

子 金樹 金杉 金裕 金瑞

媳 白素雲 楊秀蜜 朱麗葉 陳秀萌

女 夏霜（適王） 修桂（適黃） 淑麗（適程）

女婿 王武弘 黃鋥烜 程新民

孫 彥嘉 民嵩 彥賢 堯華 昇暉 詠琮
基祥 基倫 育聰 仕哲

孫女 雅婷 雅惠 雅玲 雅萱

外孫 王信智 王信傑 王玄依 黃星輔 程家偉
程建鴻

外孫女 王燕蘭 黃俐蓉

姪 長流 錦泉 德謀 水春

姪媳 童枝葉 紀綉鑾 宋富妹 花秀仔 洪彩鳳

姪女 吳意（適陳）

姪女婿 陳溪木

姪孫 金柱 金梁 細昭 細義 世雄

姪孫媳 周阿杏 張桂娥

姪孫女 寶珠（適黃） 梅玉（適許） 梅足 滿滄
梅香（適李） 秋華（適陳） 秋滿（適潘）
秋鈴（適呂） 惠娟 惠雯 淑滿

姪孫女婿 黃瑞卿 許深淵 李聰敏 陳尚正 潘永曠
呂宋謀

（族繁不及備載）

親族一同
親戚一同
親友代表

王秋冬 王進良 王福義 何淨杏 何民清
何東秤 吳阿秀 林美祝 張俊雄 張婷媛
莊桂桃 陳詩哲 陳專諒 陳謙隆 陳培然
陳瑞珍 陳健雄 陳玫杏 蔡錫瑜 蔡金蓮
賴次郎 賴林素芬 蔣秋香 謝雲卿
（依姓氏筆劃為序）

同 泣 啟

丙

歷代名簿
原籍福建省泉州府
同安縣六都施盤鄉
馬巷（三府）
移居台灣島台中州大甲郡
龍井庄龍目井字水裡社36番地

世祖　諱名　添丁　公生於道光庚子年六月十二日受生
民國四年卒于大正乙卯年十月二十日午時别世
世祖　妣黃娠　名申氏　生於　年　月　日
卒於　年　月　日
葬在水裡社共同墓地坐北向南
長子　昌
次子　標

世祖諱名昌公生於丙寅年九月拾四日子時
娶蔡氏馬斷之三廿
世妣蔡氏名匏生於庚午年十月二十七日卯時
卒於昭和十二年(民國廿六年)四月二十二日時別世
葬在水裡社共同墓地坐東南向西北
長子平 次子豬 三子波 四子萬芳

世諱名標 生於戊寅年九月十六日辰時
卒于乙未年八月二十四日
世妣名鳳 生於乙酉年貳月二十日未時
卒于 年十一月五日 時
無生育 豬氏成過枝
世標氏接繼妣蔡氏名草 生于丁亥年
拾月十九日丑時
卒于 年 四月二十二日

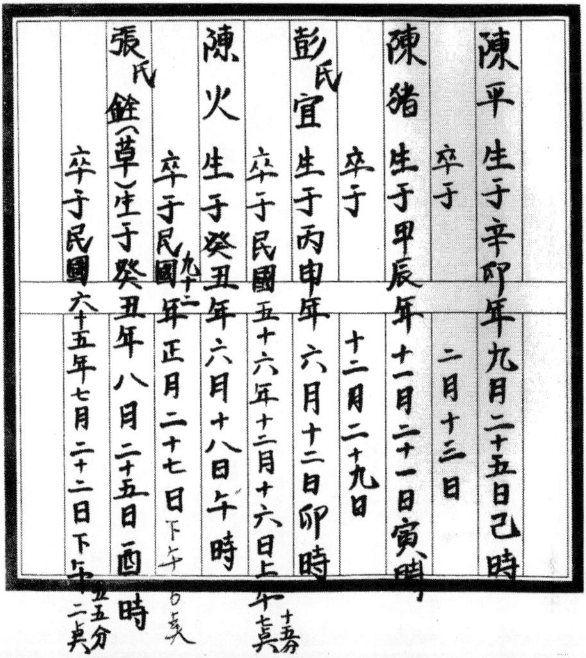

陳平　生于辛卯年九月二十五日巳時
卒于　二月十三日
陳猪　生于甲辰年十一月二十一日寅時
卒于　十二月二十九日
彭氏宜　生于丙申年六月十二日卯時
卒于民國五十六年十二月十六日上午點十五分
陳火　生于癸丑年六月十八日午時
卒于民國九十二年正月二十七日下午六點
張氏銓（草）生于癸丑年八月二十五日酉時
卒于民國六十五年七月二十二日下午二點五五分

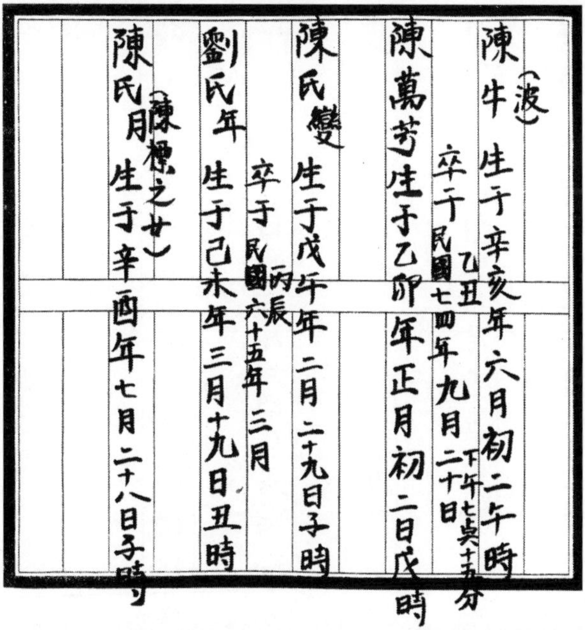

陳牛（波）　生于辛亥年六月初二午時
卒于民國七十四年（乙丑）九月二十日下午七點十五分
陳萬芳　生于乙卯年正月初二日戌時
陳氏變　生于戊午年二月二十九日子時
卒于民國六十五年（丙辰）二月
劉氏年　生于己未年三月十九日丑時
陳氏月（陳標之女）　生于辛酉年七月二十八日子時

陳增培 生于甲子年二月十五日亥時

陳氏蕊 乙丑年十月初十日子時生

陳氏燕 壬戌年六月十九日未時生 卒于民國八十三年六月十七日早上四点

何氏毛 戊午年十月十日生（錦喜之母）

陳錦喜 民國廿五年 昭和十一年九月廿五日生

陳氏品 民國十八年 己巳年四月廿八日戌時瑞生

陳氏粧 己巳年四月初九日卯時瑞生

陳仲流 己巳年三月廿四日戌時瑞生

陳氏鶯 癸酉年十一月初五日丑時瑞生

吳氏好 癸酉年二月十一日午時瑞生

陳錦泉 昭和十一年 丙子年八月初九日子時瑞生

陳坤榮　己巳年九月初七日子時瑞生

陳曾氏邁　甲戌年五月十二日戌時瑞生　午後八時

陳坤協　昭和十二年　民國廿六年六月廿三日午前四時生

紀氏素枝　民國三十三年　甲申年四月廿九日戌時瑞生

陳氏粵子　昭和十四年　民國廿八年十二月十四日午後四時生

陳坤郎　昭和十七年　壬午年五月廿八日午前三時生

陳坤鴻　民國三十七年七月十三日午前六点生

卒于民國七十九年八月初七日午時

陳水春　民國三十六年正月初九日午前五点生　卯時

陳德謨　民國廿八年三月廿七日巳時生

陳錦全　丙子年八月初九日子時生

（陳波之妻）
郭氏愛　民國七年正月十五日巳時生
陳氏秀　民國廿六年八月初八日卯時生
陳玉泉　民國三十五年六月廿九日辰時生
陳金菊　民國三十七年十二月廿六日卯時生

陳玉盒　民國四十八年（己亥年）四月十二日寅時生
陳春杉　民國五十五年（丙午年）五月十二日卯時生
陳容倩　民國六十年（辛亥年）六月十四日寅時生
陳淑惠　民國六十一年（壬子年）七月十九日　生
陳志政　民國六十二年（癸丑）七月十九日上午一点生
陳文松　民國六十五年（丙辰）三月十八日上午四点生

陳志銘 民國六十五年九月[redacted]二十一日上午[redacted]三點點生
陳碧章 民國六十七年九月初五日上午十點生
陳文進 民國六十六年六月初二日上午十一點廿分生
陳文呈 民國七十三年正月二十六日下午九點生

謝瑞蓮 民國六十年七月初六 二點 生
陳紋綾 民國八十二年九月初六午時生
陳紋展 民國八十三年十二月初四寅時生
陳紋雅 民國八十五年十月十二日午時生

陳增培 民國十三年二月十三日丑時生

王品 民國十四年十二月十一日卯時生

陳金樹 民國三十七年六月二十四日戌時生

陳金杉 民國三十九年六月十八日 生

陳金裕 民國四十五年九月十九日午時生

陳金瑞 民國四十七年十[8]月二十[20]日午時生

~~印素裏 辛卯年 四月十日酉時生~~

亡 生王品：民國88年6月24日丑

李長志 民國五十三年八月初九日 生

李岱璇 民國七十七年十一月十七日辰時生

李岱臻 民國七十九年十月二十二日午時生

李岱穎 民國八十二年十二月初四日卯時生

李雅菁 民國八十五年十月十六日午時生

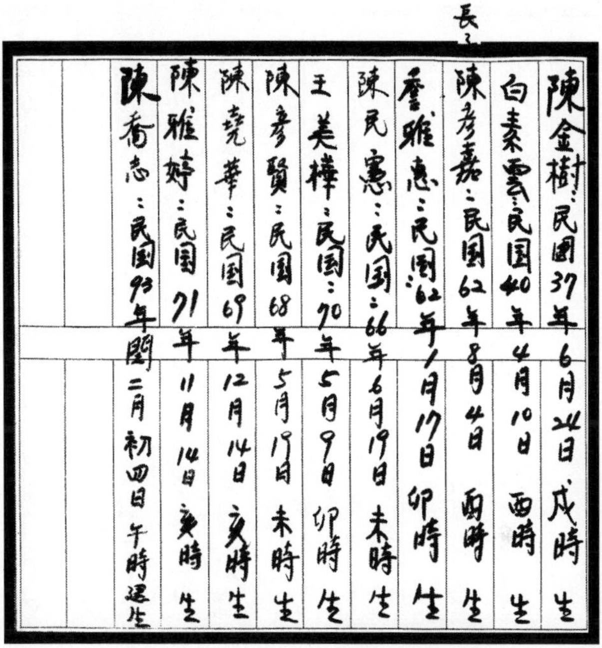
陳金樹：民國37年6月24日戌時生
白素雲：民國40年4月10日酉時生
長子 陳彥嘉：民國62年8月4日酉時生
詹雅惠：民國62年1月17日卯時生
陳民憲：民國66年6月19日未時生
王美樺：民國70年5月9日卯時生
陳彥賢：民國68年5月19日未時生
陳堯華：民國69年12月14日亥時生
陳雅婷：民國71年11月14日寅時生
陳香志：民國93年閏二月初四日午時遲生

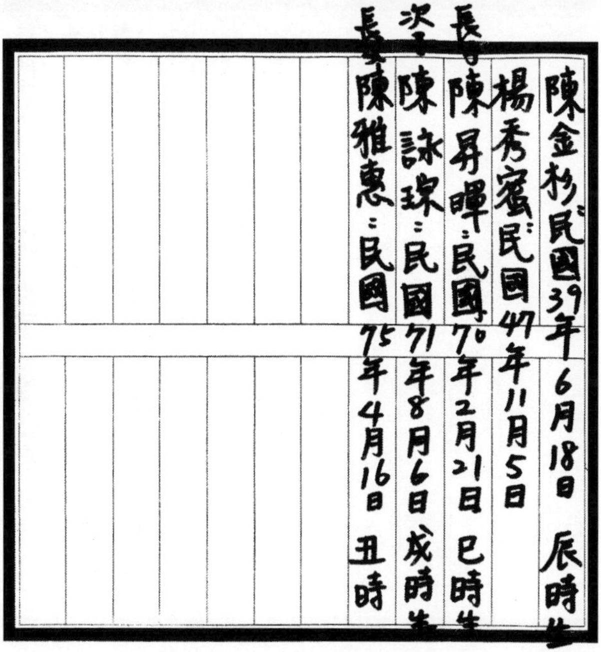
陳金杉：民國39年6月18日辰時生
楊秀寶：民國47年11月5日
長子 陳昇暉：民國70年2月21日巳時生
次子 陳詠琛：民國71年8月6日戌時生
長女 陳雅惠：民國75年4月16日丑時

陳金裕：民國45年9月19日 午時
朱[illegible]麗葉民國47年12月16日 辰時
長男陳基祥民國70年11月21日 亥時
陳基倫民國72年6月8日 亥時
陳育聰民國73年11月1日卯時

陳金瑞民國49年10月4日
陳金瑞民國49年08月20日午時
陳秀蘭民國51年11月15日巳時
陳仕哲民國75年8月12日戌時
陳雅玲民國78年6月26日申時
陳雅萱民國79年9月14日申時

附錄：

一、臺中地區地名源由
二、百家大姓圖騰始原
三、宋代百家姓及郡望
四、現當代百家大姓排行
五、近現代陳姓面面觀
六、潘：出自河南固始的姓

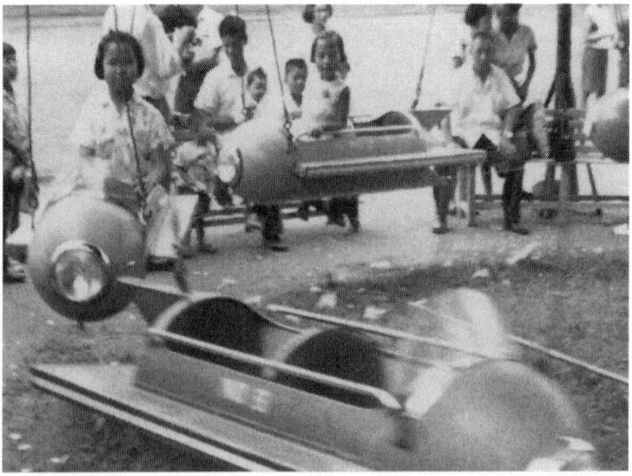

老爸（右後坐著）帶大妹、小妹到臺中遊樂場，約民國 55 年。

附錄一：臺中地區地名源由

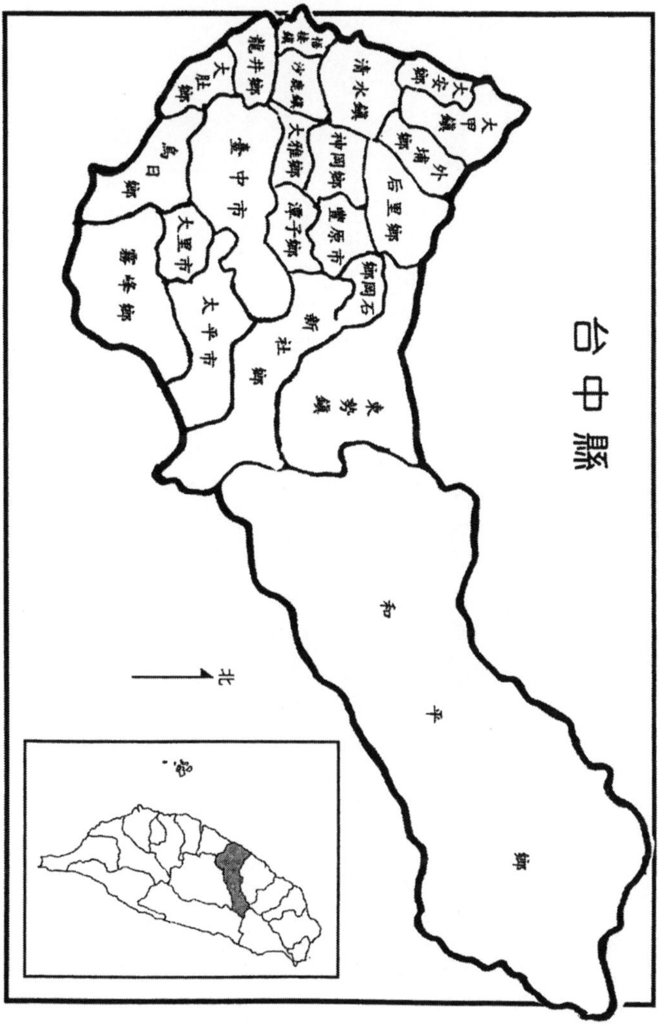

臺中縣

本縣位於臺灣省之中部，故命名爲臺中。舊名葫蘆墩是包括豐原一帶的稱呼。「墩」的意思是有防禦設備的地方。

大墩街　臺中盆地中部柳川、綠川之間的孤丘「東大墩」故名。

八仙山　宣統三年十月五日臺中廳蕃地搜索隊，橫貫庫拉斯娃坦部落，在眉原山的山腹紮營，翌六日越過檜山，攀登白姑大山的支脈一高地。本來要以檜山命名，由於各地種檜木的山很多，難以辨別，找不到適當的名稱。此時得知山的標高是七千九百九十八尺，僅差二尺就達八千尺，故取名「八仙山」。

雪　山　又名雪翁山，西洋人稱西奴比亞山。「玉山積雪瑩澈光明，晴霽時望之發出光輝如白玉」故名。「雪山」或「雪翁山」是由於山峰高聳，初冬即有積雪而取名。幣原博士說「雪山」乃是「雪高翁山」之簡稱，**Sekoan**（雪高翁）是山胞語，其義爲岩石的裂縫，「雪高翁」是音譯字。淡水廳誌的古蹟考有關玉山描述「玉山在貓裏（苗栗）溪頭山後的萬山中，晴霽時望之，巉巖峭拔，重疊白雪有如白銀般，可望不可即。相傳鄭成功親領部下往山麓時，遙望隔著一溪，瘴氣甚重，涉者多死，遂停止進軍」。在臺灣的近山平原很難見到冰雪，故看到雪山高峰頂上的白雪，遂以銀白的玉石視之，欲進一步探查其奧秘，但是由於瘴氣使然動輒重病，死者續出，以致無法達到目的。致於「西奴比亞」山，是一八六七年英國軍艦「西奴比亞」號在臺灣東海岸航行中遠望中發現，遂以該艦名命名。

豐原市（葫蘆墩）乾隆二十九年的臺灣府志載有「貓霧捒堡內有新莊小市」。在清嘉慶年間稱爲葫蘆墩，因爲豐原與下南坑有三個小丘，其形恰似葫蘆，清光緒年間在此設置總爺巡檢衙門，日據時代因此地是臺灣中部最肥沃的農業地區，灌溉也很方便，當地所出產的葫蘆墩米有良米的盛譽，所以稱爲豐原。平埔族「葫蘆墩」之居住地，因本市山明水秀，萬般物資豐富之原，故命名爲豐原，取意自日本神勅中「豐葦原之瑞穗之國」中之字句。

社　皮　是拍宰海族「蔴裡蘭社」的所在地。其意爲在岸裏社之背後。社背之訛。

烏牛欄　地名譯自拍宰海平埔族，於道光三年移居埔里創烏牛欄社。後改田心里。

樸仔口　以佔居於附近的拍宰海族之「樸仔籬社」（樸仔通朴仔），爲地名的出處。而該族移往埔里的大湳及蜈蚣崙。

清水鎮（牛罵頭）本鎮原爲拍瀑拉平埔族，地處大肚臺地西緣斷層線經過處，「牛罵頭」社之居住地，日據時於鰲峰山麓發現清澈的泉水，故命名爲清水。本鎮原名牛罵頭，二百多年前閩人移住，康熙二十年清水屬淡水縣，日據時代改稱清水街，光復後改清水鎮。雍正末年先民到此建立了一村莊，稱爲「牛罵新莊」。本地原先爲平埔蕃 guma 社的所在地，是故，以近音字「牛罵」爲其地名。乾隆二十九年的「臺灣府誌（續修）記載有「牛罵街」的地名，在那時已形成了一肆市。雍正十年大甲蕃平定後，「牛罵社」改爲「感恩社」。

大𣙼𣙐　在𣙼𣙐樹茂生之地，創建村莊，故稱之。包括大𣙼𣙐、二𣙼𣙐……村莊。

外埔鄉　本鄉位於后里外側的荒埔，原爲平埔族聚居地，清康熙年間閩粵人士進入該地居住而成村莊，故命名爲「外埔」。清康熙二十五年，閩粵人渡海來此，墾闢荒地，日據時代設外埔區，後又改外埔庄役場，光復後改設外埔鄉。

鐵砧山腳　位於鐵砧山下，故名。爲康熙四十年代粵人所開拓的地方。

大甲東　曾經是道卡斯族「大甲東社」的所在地。

磁　磘　磁磘是燒陶磁器的窯之意。

土　城　土城是用泥土圍成的防蕃設備。象徵著此地是過去設隘的遺址。

鐵砧山　鐵砧是打鐵店的鐵床之意，因山形像鐵砧。臺灣府誌記載「鐵砧山，頂圓而平，故名」。淡水廳誌云「鐵砧山，一名銀錠山，自大甲視之，不高，然欲泊船大安，既見鐵砧，半日方到，又爲治東南之鎭」。該山海拔二百三十六公尺。山上有一祠奉鄭成功的神位。據說明末鄭氏部將駐屯處。祠畔有一古井，其傍立有小碣曰「國姓井」。淡水廳誌記載「相傳，鄭成功屯兵大甲，以水多瘴毒，乃拔劍斫地得泉，味清洌」。據說逢到大旱時此泉亦不會乾涸。後世相傳在五月五日端午，飲此泉水就不致於感染瘴疫，因此來汲泉者絡繹不絕。

石岡鄉（石碇仔）本鄉原爲大甲溪之一洲，當地石礫甚多，後漸隆起，變成河中小岡，故命名石岡。該地原爲山地同胞居　住，後粵人張達京等逐土著人而據爲己有，乾隆中葉，聚落已具規模。日據時代設保民局，置事務所於石岡，後改區役場，嗣後又改庄役場，光復後設石岡鄉。

土　牛　土牛是防蕃用的土壘，其形狀像臥牛。

社寮角　乃是拍宰海族「社寮角社」的故址，該社的族人移往埔里。乾隆四十三年設立社寮，粵人劉中立、孽華梅爲通事，跟族人進行交易。社寮爲族人的小屋。角是內面之意。

新社鄉　本鄉為粵人杜行修等新創立的社區，故命名為「新社」。二百多年前粵人杜行修，率領五十餘人來此，後漸發達，日據時代設庄役場，光復後改稱新社鄉。

山　頂　為拍宰海族「山頂社」的所在地。

水底寮　是平埔族拍宰海族「樸仔籬社」所屬的「水底寮社」之故址，乾隆三十七年閩漳州人林潘磊率領鄉親壯丁百餘名，開墾了一處稱為「慶西庄」，由於蕃害頻繁而放棄。

大里市（大里杙）原為平埔族「大里杙」的居住地，後來逐漸演變，則以大里命名。「杙」是繫舟筏的小木樁。本來漢蕃雜居，乾隆初期由粵人所開拓而建造了蕃仔寮、塗城等部落。本鄉原為山地同胞所居住，後由漢人逐漸開墾，日據時代初設憲兵區所，後又改為大里庄，光復後改稱大里鄉。現已改大里市。

涼傘樹　此地有一棵巨大的茄苳樹，枝葉茂盛，形狀圓筒形，狀似涼傘，故名。

塗　城　塗城與土城同義。當初為了防止蕃害或野獸而築成的土堡，因此而成了地名。

草　湖　此地為何床盆地，地勢較凹，草木叢生，初稱草凹，後改稱草湖。

大突寮　可能與溪湖的大突社有關。可能是指大突社居住著的茅舍。清水也有相同的地名。

太平市（烏松頭）本鄉原稱「烏松頭」，因境內有顆大烏松樹，先民空閒時在樹下休息、聊天。清乾隆期間曾發生多次戰爭，後來終於能和平相處，天下太平，故命名爲太平鄉。日據時代，改名太平庄，屬臺中辦務署，光復後改稱太平鄉。「太平」是象徵吉利的地名。現已改爲太平市。

番仔路 往昔爲洪雅平埔族聚居處，爲番人出入之要道，故名。

東籠埔 此地往昔爲蔗園處，豎蔗車熬糖，蔗車臺語「車壠」，蔗車熬糖的荒野稱車壠埔，訛音爲車籠埔。

廍子 乃指製糖廠之意。此地因有製糖廠，故有此名。

后里鄉 爲平埔族「蔴薯社」「後」方形村「里」，故稱爲后里。位於大安溪與大甲及七星山與月眉山之內，昔日稱「內埔」。本鄉原稱內埔，因在「外埔」之內方，故稱內埔。因與屏東內埔同名，取意於「蔴薯社」「後方」設「村里」，又后與後同音，而「后」字有后冠之美名，故稱「后里」。

蕃婆 蕃婆包含有西洋婦女、生蕃婦女之意；此地可能有熟蕃女人的意思。

屯仔腳 是「墩仔」底部的意思。「墩」是小丘地，「腳」是底下。

舊社 拍宰海族「蔴薯社」的舊址。

潭子鄉（潭仔墘）昔時稱爲「潭仔墘」，原是拍宰海平埔族阿里史社所在地，因潭子上下游各有一個大潭，故命名潭子。閩南語深水處爲潭，水邊處爲「墘」，故稱「潭仔墘」。該地原爲山胞居住，後漸次開闢，日據時代設葫蘆墩署，後改設潭仔墘署，光復後改潭子鄉。

瓦磘子　燒瓦的窯之義；此地有燒瓦窯。

茄至角　所謂的茄至是長圓形的草袋，角是內之意，地形像茄至，故得此名。

頭家厝　頭家意指主人，厝是屋子。因爲墾主所住的房屋而得名。

甘蔗崙　指種植甘蔗的山崙。

神岡鄉（新廣）本鄉之命名有二種說法：㈠一百多年前大陸學者李府仙祖來此，以神命名爲神岡。㈡移居此地的客家人，以期在故鄉的村名來命名。

原名神廣，又稱大社，昔時該地林木叢生，清乾隆初年潘敦仔平埔族有功封其地，日據時代，行政改制定名神岡區，光復後改稱神岡鄉。

大　社　以豐原爲中心，分佈於大甲溪南部一帶的平埔族中，坐鎮盟主地位的「岸里大社」所在地。往昔此部落位於大甲溪南，漢人稱它爲「岸裏社」。當時並以「岸裏社」爲拍宰海族的總稱。岸裏社之內，「岸東社」、「岸西社」、「岸南社」、「西勢尾社」、「蕨裡蘭社」、「翁仔社」等小社結合而成一大社，以「岸裏」之名集結於東岸之地，也就是今日的大社。光緒二十九年時刪掉了「岸裏大社」的「岸裏」稱其爲「大社庄」。此部落的閭門上面題著「東山拱衛」訓勉詞。同社的頭目海氏於康熙三十四年成爲岸裡九社的第一代土官。第二代土官叫「阿藍」，第三代叫「墩仔」。墩仔天資溫良，通曉大義，傾心效忠當時的清政府，被舉爲岸裡九社的總通事，乾隆三十五年十一月，乾隆特賜以「大山仁」之名，由北路理蕃同知張所受頒與「率類知方」的扁額。乾隆二十三年就把舊姓「畢拉哈」改爲潘姓。

大肚鄉（烏溪）原爲平埔族「大肚肚露」社居住地，日據時設大肚區，光復後改稱大肚鄉。原名「烏溪」，大風雨後常夾帶小丘的黑石往溪流而下，遠望烏漆漆一片，故稱烏溪。該地原住北社蕃，康熙四十年漳州居民渡海來此與當地番民合作，從事耕作，日據時代設大肚區，光復後改稱大肚鄉。

王　田　所謂「王田」就是荷蘭佔據時代，佃農所耕種的田園之慣稱。也是荷蘭人佈教的遺蹟。地名是基於當時王田所在地而取的。安平的熱蘭遮城被稱爲「王城」，可見「王田」是與「王城」相對應而產生的，兩者都與荷蘭人有關。

井仔頭　「井仔頭」是水井上方的部落之意。

大肚山　山名，因附近的「大肚社」而命名。筆者年幼時曾住大肚山，當地百姓叫「旺萊山」，因滿山種鳳梨。另一名稱「横崗」則是地形而命名。

大雅鄉（壩仔）原名壩仔，本鄉原屬荒地，而未開墾之地稱爲大霸雅，本鄉原稱垻仔，日據時改制稱大雅庄，光復後改稱大雅鄉。垻雅有壩子的意思。泉州音唸 Tai-ga。漳州音唸 Tai-ge。二百多年前廣東居民張振萬渡海來此住居，後來同鄉協助之下，努力開墾，故現在該地張氏爲巨族，其餘變遷不詳。

十三寮　往昔先民在此開墾，建有十三處住屋，故稱。

東勢鎭（東勢角）在清乾隆初期，移來的漢族大都是廣東系的籍民，至清嘉慶的時候移住的漢族愈益增加。本鎭位於臺中盆地東側，山勢陡起，到處都是蓊鬱的森林，客籍人士稱爲東勢角。該地原名板寮（匠寮莊），爲伐木製材之地，光緒十三年改稱東勢角，現稱東勢鎭。按客家語「勢角」，表示某一方向之角落。稱東方的角落。該地原爲山地同胞蟠聚，乾隆四十年粵人劉啓東等與潮州曾安榮等結伴開拓，光緒十三年設撫懇局，日據時代設東勢角支署，後改東勢街役場，光復後改東勢鎭。

石圍牆　乾隆五十七年粵人王振榮、陳亮等曾經到此地開墾，由於蕃害頻繁只好中止。

嘉慶七年粵人林時獻等一方面設隘防蕃害，一方面勤勞的開墾了石圍墻庄。因當時築石圍做防墻，故得名。

新伯公　嘉慶十三年潮州府饒平人劉阿滿，募集兩百多名平埔族，從事新伯公的開墾。伯公就是土地神之稱。新開闢土地時需先建造土地祠，故以此爲地名。

大茅埔　「茅」是茅草，「埔」是原野之意。此地爲長滿茅草的原野之意。

蕃　社　拍宰海族「大馬僯社」的故址，該社族人於道光三年移往埔里。

霧峰鄉（阿罩霧）原爲平埔族「阿罩霧」社居住地，後經臺灣巡撫劉銘傳改稱爲霧峰之名。本鄉道光八年漢人來此，漸次開墾，日據時代初設霧峰庄，後改稱阿罩霧務庄，光復後，改稱霧峰。

丁　臺　往昔寫成「登臺」。廣東的潮州府大埔人渡臺，共同開拓柳樹湳。

萬斗六　平埔族居住地逐漸被漢人佔據，於嘉慶二年退居到南方，開拓移住區稱「萬斗六社」，道光末年多數土著再移入埔里的枇杷城。於是，漢人才集中於「萬斗六」。

沙鹿鎮（沙轆）平埔族「沙漏此」社居住地，閩粵人移住於此，平埔族沙轆社（Salach）將地名音譯爲「沙轆」，乾隆末年巡臺御史黃叔璥北巡至此而南返，故亦稱爲「迴馬社」，民國九年改爲沙鹿。

二百多年前，舊名社口蕃地，有居民百餘戶，百年前閩粵人移住，漸成部落，日據時代，設沙鹿支廳，後改稱沙轆新庄，光復後，改稱沙鹿鎮。

鹿　寮　此地往昔有捕鹿人，在此搭建寮舍居住。

竹　林　昔日此處爲竹林叢生之地。

大安鄉　本鄉位於大安溪之入海處，傳嘉慶皇帝南遊臺灣，在海上遇大風暴，遙見該地有紅燈一對，導其船使大家安全入港，故命名爲大安港，該鄉以港得名，故稱之爲「大安鄉」。清時本鄉屬竹南四堡、後改苗栗三堡，日據時代改屬苗栗支廳管轄，後又改大安庄，光復後改稱大安鄉。

大安港（螺絲港）明朝稱爲「海翁窟港」。「海翁」就是鯨魚。位於大安港口，往昔由於水深便於船隻出入曾經盛極一時，後來漸漸淺窄，僅能由小船出入。臺灣府誌所記載的「螺絲港」就是指此地。由於船隻出入都很安全的停泊港，故又有大安港之名稱。

松仔腳　與榕仔腳同義，就是榕樹下的部落之意。

牛　埔　牛埔是放牧牛的場地，以前此地爲放牛的牧場。

龜　殼　此地往昔爲海濱，有很多龜殼，故得此名。

田　心　「田心」是田地中心之意，周圍有田地而得此名。

鎮　平　廣東嘉應州鎮平的移民移住之地，而以故鄉之名爲地名。

同安厝　福建泉州府同安縣移民築屋安頓於此，因而得名。

梧棲鎮（五乂）本鎮爲五條水路的入水口，故有「五叉」「梧棲」之名；本鎮原名鰲西，後改梧棲，蓋有取于鳳非梧不棲之意而命名。此港於清末由霧峰林家開拓，主要是爲了運輸樟腦。本鎮原爲一片荒野，道光十二年方有人口，後漸發達，日據時代曾設海關支署，後改梧棲港街，光復後改稱梧棲鎮。

從前牛罵溪的潮水很深，有利船舶停泊。乾隆三十五年前後，對岸福建首次有船舶到此貿易。乾隆五十年間梧棲港的市街逐漸形成。到了道光初年隨著附近荒埔的開拓，水圳開始縱橫交錯，流沙使港口淤淺，終於失去了港灣原有的價值，到了咸豐年間已完全沒有船舶的身影，船舶逐漸集中於其南方的塗葛堀（大肚溪口開闢的港口）。目前亦不復見其跡。由於本港自古即爲此地之貿易港，其聲名依然膾炙人口。

鴨母寮　鴨母寮爲養鴨人所建的草寮之意，往昔此地飼養很多的鴨子，因而而有此地名。

烏日鄉（湖日）本鄉爲溪流凹入之處，原名爲湖日，日人誤將湖日稱爲烏日，相沿至今。是由平埔族語轉音。清朝時本鄉屬彰化縣，日據時代改隸臺中縣轄，初置區役場，後改爲烏日庄，光復後，改稱爲烏日鄉。

溪心埧　所謂的溪心埧者，是指溪流中心的土地之意。粵人所稱的「埧」跟閩人的「溪城」同意。

車路墘　所謂的車路墘，乃是通行牛車、馬車的旁道。

圳寮　圳寮乃是圳旁監守者所居住的茅寮。

大湳　是拍宰海族「大湳社」的舊址。該社於咸豐八年移往埔里。

翁仔　是拍宰海族「翁仔社」的舊址，「翁仔」的閩南語是木偶，因地勢之形狀而得此名。

大甲鎮　原爲平埔族「道卡斯」（Takas）或「大甲西」（Taika）社之居住地，大甲之名稱來自大甲西社之譯音。康熙十年由鹿港及大安港移民拓荒而成。嘉慶二十一年於此設巡檢衙門，其址爲現郵局之地點。日據時代先設辦務署，嗣又改大甲支廳，後又改大甲街，光復後改稱大甲鎮。

大甲社爲蓬山八社之一，原本分爲東西二部落，東社的原址在大甲街外的大甲東（外埔莊）附近，西社的原址則在大甲街蕃仔寮附近。雍正十年在平定大甲蕃社之後，改大甲西社爲「德化社」。荷蘭人所謂的 Tackais，是指分佈於大甲溪以北至新竹海岸平原山胞的自稱 Taokas。

日南社　道卡斯族 Taoa Hannan 社，也是漢人所稱「日南社」的所在地。

雙　寮　道卡斯族 Tana Tana 社，也就是漢人所稱「雙寮社」的所在地。

銅安厝　銅安厝跟同安厝同義，可能是當初同安縣人建立家屋的地方。

龍井鄉（龍目井）古稱龍目井，是「水裡社」的居住地，在清水平原上，上有小岡，形同龍頭，其前有二口並排的水井，宛如龍目，故命名爲龍井。本鄉公所所在地昔稱百順村，清末改稱苑拔，日據初期本鄉分爲塗葛堰，龍目井堰暨茄拔區，後設區役場，至光復後改稱龍井鄉。

山　腳　山腳就是山腳下之意。

塗葛堀　港位於大肚溪口，「塗葛堀」（彰化縣誌記載塗埆堀）的街市則在溪口北岸的砂嘴。乾隆四十二年左右對岸福州有一商船來此經營貿易。至乾隆五十年取代梧棲港已經具有街肆的規模，分成塗葛堀、梧棲南北二港。道光初年後北方的梧棲港因爲沙土堆積，已失去了港灣的價值，到了咸豐年間只好使船舶停泊在南方的塗葛堀。往昔的船舶停泊處是在其北方，後由於土沙堆積而轉到他處。「塗葛」也就是「土埆」，往昔爲了在此建造土埆厝留下挖掘的痕跡，故名。

水裡港　位於大肚溪口的北岸，就是今塗葛堀港北方數百公尺的一條河流口，在梧棲，塗葛堀兩港未開闢之前，水裡港的名字就已經存在了。乾隆二十九年的「臺灣府誌」（續修）記載「水裏港海汊小港」。後來由於流沙的沈積遂失去了港灣的價値。

龍目井　爲該地的一古蹟，彰化縣誌記載「龍目井，泉清而味甘。從地下湧起尺許，恰有如噴出玉花一般，井旁有二石，狀似龍目，故名。里人圍繞著井居住。竹籬茅舍亦幽亦雅」。據說龍目井的泉水治眼疾有效，遠近前來汲井水的人絡繹不絕。

和平鄉　原本爲泰雅族分布的荒野山谷。本鄉在日據時，鄉民時常發生衝突，後來政府採取安撫政策，才逐漸和平相處，光復後設山地鄉，喻以和平治理，故命名爲和平鄉。

本鄉在日據時代，以警察控制衝突不時發生，自日人施行理蕃政策後，強制山地同胞集中移住，建十二村落，光復後，改稱和平鄉。

中坑坪　位於北方的牛欄坑與南方的積坑之間，高且平故稱。

白冷社　由於白狗山、白毛社與冬季山區低溫下雪有關，故稱之。

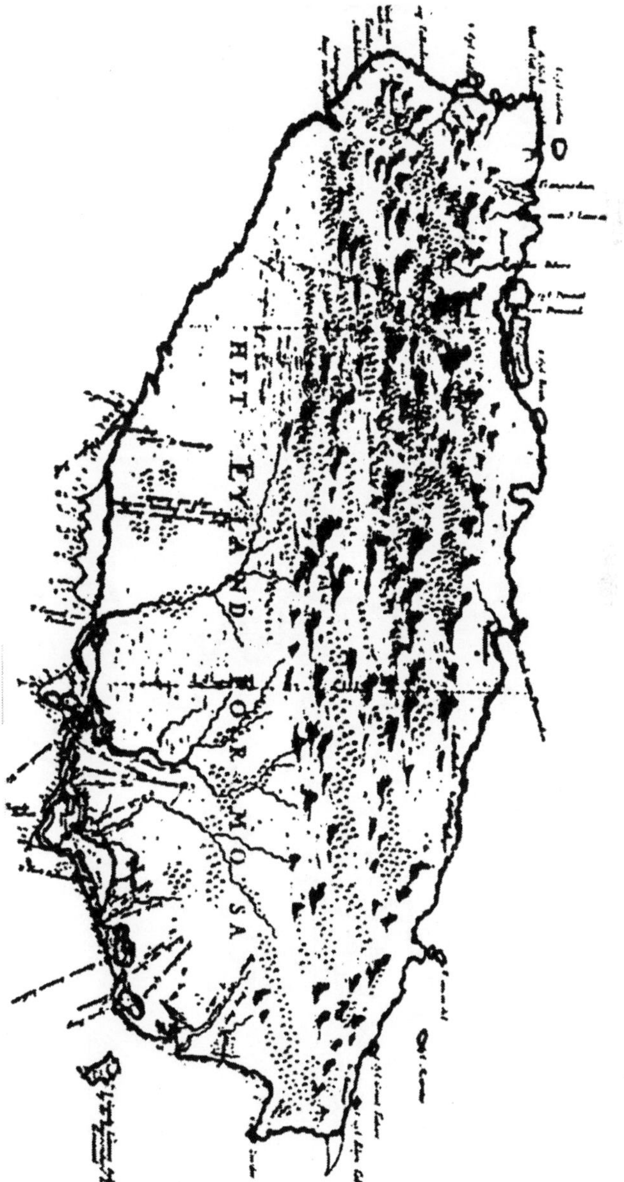
HET EYLAND FORMOSA

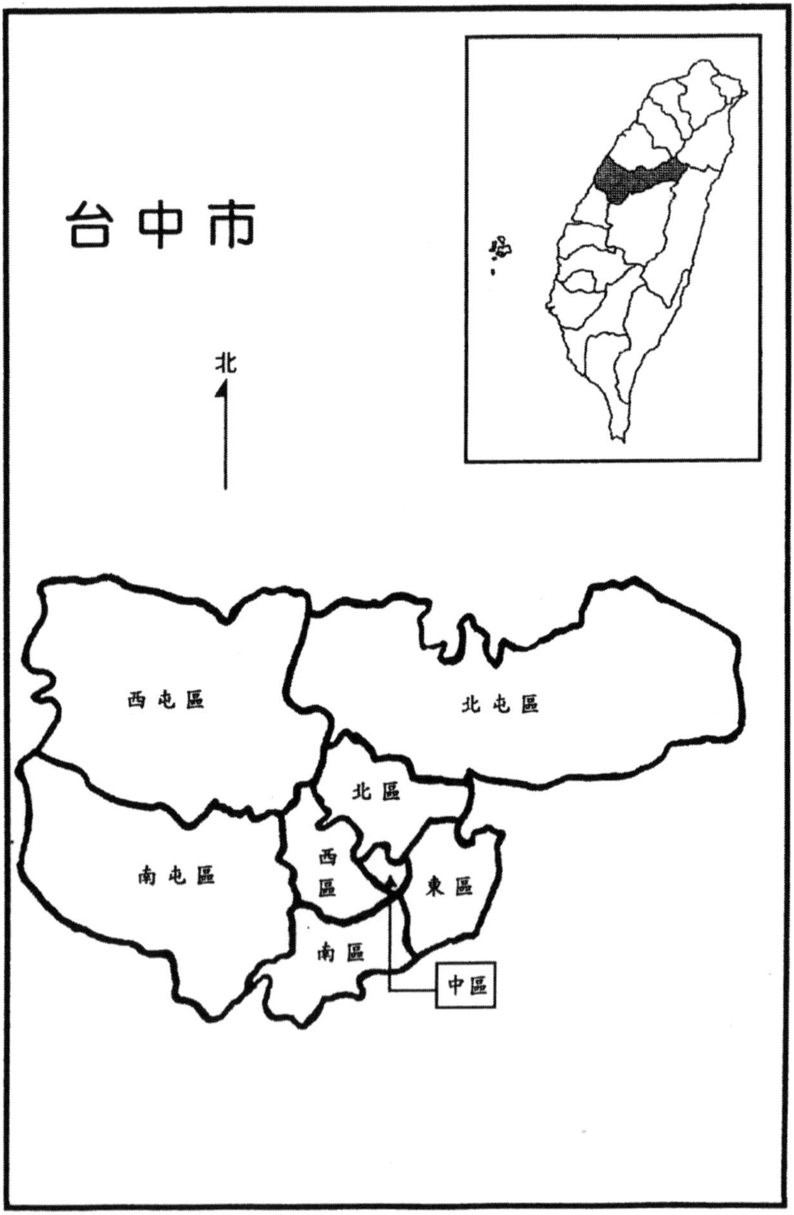
台中市
北
西屯區
北屯區
北區
西
區
東區
南屯區
南區
中區

臺中市

臺中市位於臺灣省之中央位置，日人據臺後，在此設置臺中州，本部在該州之中心，故稱爲臺中市。

清時屬諸羅縣，雍正二年彰化縣成立，本市隸屬管轄。光緒年間廢廳置州。光復後改制爲臺中市。

本市共分爲中區、東區、西區、南區、北區、西屯區、南屯區、北屯區等八區。

南區 位於臺中市之南隅，故取名南區。

本區在日據時代爲老松區、若葉區兩區會地域，光復後合置爲南區。

番婆 本區原巴布薩平埔族居住地，後來全族遷移至埔里，仍有婦女留居此處，故稱之。

北區 位於臺中市之北隅，故名北區。

本區在日據時代，原爲大墩街之一部分，民國二年大墩街改稱臺中街，三十一年改劃爲新高區、梅枝區，光復後改置爲北區。

西區 位於臺中市之西隅，故名西區。

本區在日據時代爲明治區及大和區地域，光復後合置爲西區。

乾溝仔　本區因有乾涸的溪床，故有此稱。

麻園頭　本區初期先民均以植麻樹爲業，因聚集於麻園前方故稱之。

東　區　本區位於臺中市之東隅，故名東區。

本區在日據時代爲楠區、高砂區地域，光復後合置爲東區。

高王爺　本地有福成宮，奉祀高王爺，故成地名。

中　區　本區位於臺中市之中心，週圍爲東西南北區環繞，故名之中區。

本區在日據時代爲大正、初音兩區，光復後合置爲中區。

鹽　館　清同治七年在臺實施官營鹽制，此地設鹽務館故稱之。

南屯區　本區原名犂頭店，因轄內多製造犂頭的店鋪而得名，又因位於大墩（臺中）之南，故名爲南屯（墩）。明末稱爲犂頭店，康熙年間總兵張固錄蒞彰化，討伐大肚蕃，形成犂頭店街，後倭人改南屯庄，民國三十一年麻園頭、土庫二部落編入臺中，光復後改爲南屯鄉，民國三十六年二月五日因臺中市區域範圍擴大，本鄉全部併入改爲南屯區。

南　屯　日據時代稱爲「犂頭店街」。爲往厝「貓霧拺社」。先民爲了開墾此地，在街頭上製造犁頭販賣，故產生了「犁頭店街」。

溝仔墘　「溝仔墘」就是水溝旁邊的意思。

水　碓　「水碓」是利用水力舂米之意，此地有水碓，因而得名。粵人所稱的「水磜仔」與閩人的水碓同義。

貓霧捒社　在南屯附近，是平埔族「麻烏沙」社的諧音。該社的所在地很早就被開拓，康熙六十年代已經以它爲堡名，乾隆時刪掉「貓霧」兩個字，把「貓霧捒堡」改成「捒東上堡」、「貓霧捒西堡」爲「捒東下堡」，並且設置了「大肚堡」。雍正九年新設的巡檢，雍正十一年新設的兵汛就冠有「貓霧捒」的地名。西元一六○○年代荷蘭人佔據臺灣時，接受荷人宗教洗禮爲 **Favorlan**，可能是指從鹿港到彰化一帶爲中心，分佈於大肚溪到西螺澳的平埔蕃「貓霧捒」。

北屯區　本區位於大墩（臺中）之北，故稱爲北屯（墩）。明末稱爲三十張犁，日據時代稱爲北屯庄，光復後改屬臺中縣稱北屯鄉，民國三十六年二月五日全部併入臺中市改稱北屯區。三十張犁表示土地開拓之大小，一張犁等於五公頃。

西屯區　昔時本區位於大墩（臺中）之西，故名西屯（墩）。

本區在日據時代稱爲西大墩，後改爲西屯庄，光復後屬臺中縣改稱西屯鄉，三十六年二月五日改隸臺中市稱西屯區。

西　屯　日據時代改「西大墩街」爲「西屯」。所謂的「墩」就是指高凸的地方。

水堀頭　往昔稱「捒加頭」。「水堀」是凹地水窟之義，地名是水窟前方部落的意思。

牛埔仔　放牧牛群吃草的荒野之地的意思。

石　牌　立石牌爲民蕃界線，由此得名。從前把上下的牛埔仔及上下石牌合併稱爲「大姑婆」。姑婆含有老太婆之意，因此地長了很多「姑婆芋」，因此而得名。

惠來厝　廣東省潮州府惠來縣移民所蓋的房子，而得名。

李 姓	王 姓	張 姓	劉 姓
	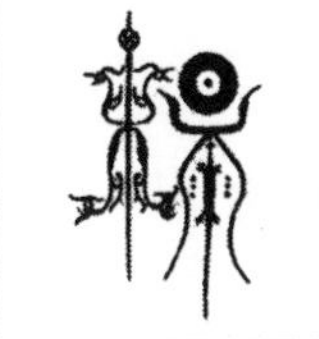		
陳 姓	楊 姓	趙 姓	黃 姓

周 姓	吳 姓	徐 姓	孫 姓
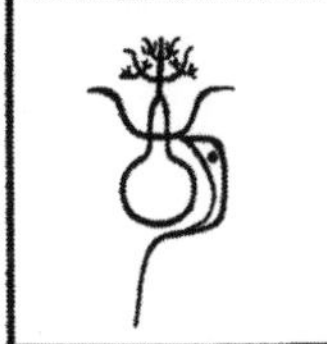			
胡 姓	朱 姓	高 姓	林 姓
	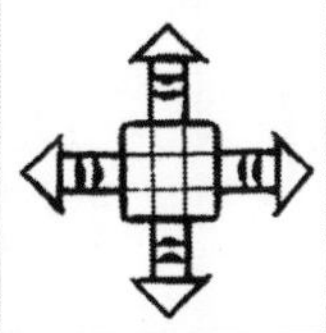		
何 姓	郭 姓	馬 姓	羅 姓

附錄二：百家大姓圖騰始原

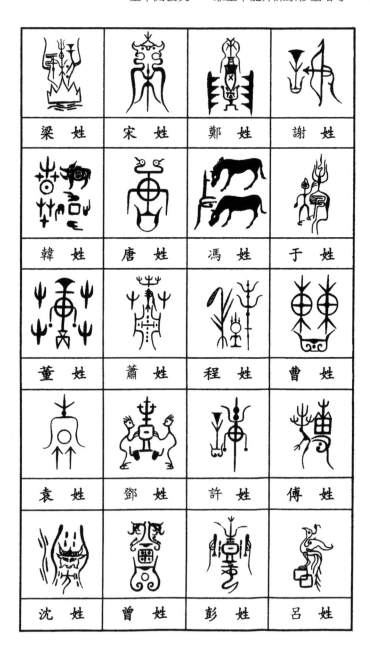

梁 姓	宋 姓	鄭 姓	謝 姓

韓 姓	唐 姓	馮 姓	于 姓

董 姓	蕭 姓	程 姓	曹 姓

袁 姓	鄧 姓	許 姓	傅 姓

沈 姓	曾 姓	彭 姓	呂 姓

蘇　姓	盧　姓	蔣　姓	蔡　姓

賈　姓	丁　姓	魏　姓	薛　姓

葉　姓	閻　姓	余　姓	潘　姓

杜　姓	戴　姓	夏　姓	鍾　姓

汪　姓	田　姓	任　姓	姜　姓

范　姓	方　姓	石　姓	姚　姓

譚　姓	廖　姓	鄒　姓	熊　姓
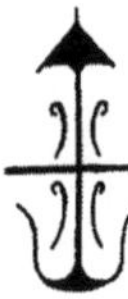			
金　姓	陸　姓	郝　姓	孔　姓

白　姓	崔　姓	康　姓	毛　姓

邱　姓	秦　姓	江　姓	史　姓

顧 姓	侯 姓	邵 姓	孟 姓

龍 姓	萬 姓	段 姓	雷 姓

錢 姓	湯 姓	尹 姓	易 姓

黎 姓	常 姓	武 姓	喬 姓

賀 姓	賴 姓	龔 姓	文 姓

附錄三：宋代百家姓及郡望

天水郡	彭城郡	乐安郡	陇西郡	汝南郡	延陵郡	荥阳郡	太原郡
趙	錢	孫	李	周	吳	鄭	王
始平郡	颍川郡	河南郡	河东郡	乐安郡	吴兴郡	南阳郡	弘农郡
馮	陳	褚	衛	蔣	沈	韓	楊
沛国郡	天水郡	吴兴郡	高阳郡	庐江郡	河东郡	吴兴郡	清河郡
朱	秦	尤	許	何	呂	施	張
东鲁郡	谯国郡	天水郡	武陵郡	彭城郡	巨鹿郡	济阳郡	天水郡
孔	曹	嚴	華	金	魏	陶	姜
东海郡	陈留郡	范阳郡	江夏郡	魏　郡	吴兴郡	扶风郡	河间郡
戚	謝	鄒	喻	柏	水	竇	章
琅玡郡	武功郡	荥阳郡	顿丘郡	北海郡	高平郡	陇西郡	中山郡
雲	蘇	潘	葛	奚	范	彭	郎
扶风郡	京兆郡	汝南郡	扶风郡	东阳郡	合阳郡	东平郡	河南郡
魯	韋	昌	馬	苗	鳳	花	方
河间郡	东安郡	汝南郡	河东郡	京兆郡	上党郡	京兆郡	晋阳郡
俞	任	袁	柳	酆	鮑	史	唐
江夏郡	河东郡	南阳郡	河东郡	冯翊郡	广平郡	千乘郡	中山郡
費	廉	岑	薛	雷	賀	倪	湯
南阳郡	汝南郡	豫章郡	河南郡	太原郡	太原郡	武陵郡	平原郡
滕	殷	羅	畢	郝	鄔	安	常

南阳郡	河南郡	陇西郡	清河郡	天水郡	济阳郡	汝南郡	京兆郡
樂	于	時	傅	皮	卞	齊	康
安定郡	下邳郡	河南郡	西河郡	武陵郡	平陵郡	河南郡	江夏郡
伍	余	元	卜	顧	孟	平	黃
汝南郡	汝南郡	兰陵郡	天水郡	吴兴郡	博陵郡	豫东郡	平阳郡
和	穆	蕭	尹	姚	邵	湛	汪
太原郡	西河郡	陇西郡	天水郡	京兆郡	清河郡	吴兴郡	东海郡
祁	毛	禹	狄	米	貝	明	臧
京兆郡	太原郡	上谷郡	谯国郡	广平郡	京兆郡	东海郡	始平郡
計	伏	成	戴	談	宋	茅	龐
江陵郡	平阳郡	京兆郡	临淮郡	辽西郡	太原郡	陇西郡	安定郡
熊	紀	舒	屈	項	祝	董	梁
京兆郡	陈留郡	汝南郡	陇西郡	安定郡	渤海郡	上谷郡	天水郡
杜	阮	藍	閔	席	季	麻	强
武威郡	内黄郡	谯国郡	汝南郡	济阳郡	雁门郡	鲁国郡	太原郡
賈	路	婁	危	江	童	顏	郭
汝南郡	汝南郡	西河郡	弘农郡	颍川郡	东海郡	河南郡	内黄郡
梅	盛	林	刁	鍾	徐	邱	駱
渤海郡	会稽郡	济阳郡	原门郡	上党郡	安定郡	河间郡	太原郡
高	夏	蔡	田	樊	胡	凌	霍
陈留郡	扶风郡	合阳郡	济阳郡	太原郡	晋阳郡	范阳郡	巨鹿郡
虞	萬	支	柯	昝	管	盧	莫

荥阳郡	清河郡	渤海郡	兰陵郡	颍川郡	平阳郡	汝南郡	京兆郡
經	房	裘	繆	干	解	應	宗
济阳郡	始平郡	宣城郡	南阳郡	黎阳郡	南安郡	余杭郡	敦煌郡
丁	宣	賁	鄧	郁	單	杭	洪
上党郡	琅玡郡	济阳郡	武威郡	博陵郡	冯翊郡	吴兴郡	武陵郡
包	諸	左	石	崔	吉	鈕	龔
安定郡	谯国郡	河间郡	下邳郡	河东郡	河南郡	上谷郡	监宫郡
程	嵇	邢	滑	裴	陸	榮	翁
河南郡	京兆郡	京兆郡	扶风郡	中山郡	汝南郡	京兆郡	渤海郡
荀	羊	于	惠	甄	麴	家	封
平原郡	济阳郡	河东郡	西河郡	清河郡	平阳郡	汝南郡	东莞郡
芮	羿	儲	靳	汲	邴	糜	松
扶风郡	京兆郡	济阴郡	平阳郡	颍川郡	中山郡	高平郡	太原郡
井	段	富	巫	烏	焦	巴	弓
弘农郡	余杭郡	河南郡	上谷郡	京兆郡	上谷郡	平昌郡	长乐郡
牧	隗	山	谷	車	侯	宓	蓬
京兆郡	上谷郡	扶风郡	汝南郡	天水郡	中山郡	陈留郡	太原郡
全	郗	班	仰	秋	仲	伊	宮
济阴郡	平阳郡	西河郡	魏 郡	渤海郡	辽西郡	南阳郡	江陵郡
寧	仇	欒	暴	甘	鈄	厲	戎

范阳郡	太原郡	琅玡郡	彭城郡	晋阳郡	河间郡	南阳郡	武阳郡
祖	武	符	劉	景	詹	束	龍
南阳郡	雁门郡	顿丘郡	太原郡	京兆郡	京兆郡	内黄郡	雁门郡
葉	幸	司	韶	郜	黎	薊	薄
冯翊郡	东平郡	南阳郡	河内郡	河东郡	平卢郡	东莞郡	武昌郡
印	宿	白	懷	蒲	邰	從	鄂
武威郡	汝南郡	广平郡	颍川郡	西河郡	中山郡	陈留郡	安定郡
索	咸	籍	賴	卓	藺	屠	蒙
西河郡	梁国郡	始兴郡	太原郡	琅玡郡	太原郡	武陵郡	天水郡
池	喬	陰	鬱	胥	能	蒼	雙
吴兴郡	天水郡	冯翊郡	南阳郡	济阳郡	广平郡	武阳郡	长乐郡
聞	莘	黨	翟	譚	貢	勞	逄
南阳郡	琅玡郡	京兆郡	河东郡	武陵郡	西河郡	新蔡郡	京兆郡
姬	申	扶	堵	冉	宰	酈	雍
济阳郡	豫章郡	黎阳郡	天水郡	鲁国郡	陇西郡	京兆郡	西河郡
郤	璩	桑	桂	濮	牛	壽	通
陇西郡	京兆郡	范阳郡	渤海郡	武陵郡	京兆郡	上党郡	雁门郡
邊	扈	燕	冀	郟	浦	尚	農
平原郡	京兆郡	天水郡	齐 郡	平阳郡	松阳郡	太原郡	太原郡
温	別	莊	晏	柴	瞿	閻	充

敦煌郡	上党郡	河内郡	东阳郡	东阳郡	天水郡	雁门郡	敦煌郡
慕	連	茹	習	宦	艾	魚	容
河南郡	新安郡	太原郡	天水郡	临海郡	汝南郡	济阳郡	南阳郡
向	古	易	慎	戈	廖	庾	終
渤海郡	渤海郡	雁门郡	平阳郡	黎阳郡	高阳郡	河东郡	太原郡
暨	居	衡	步	都	耿	滿	弘
晋阳郡	下邳郡	雁门郡	上谷郡	丹阳郡	扶风郡	下邳郡	平原郡
匡	國	文	寇	廣	祿	闕	東
平阳郡	武功郡	太原郡	河南郡	琅玡郡	晋阳郡	京兆郡	南阳郡
歐	殳	沃	利	蔚	越	夔	隆
太原郡	山阳郡	括苍郡	河东郡	京兆郡	渤海郡	谯国郡	南康郡
師	巩	厙	聶	晁	勾	敖	融
京兆郡	渤海郡	陇西郡	天水郡	天水郡	范阳郡	平阳郡	孔丘郡
冷	訾	辛	闞	那	簡	饒	空
天水郡	巨鹿郡	汝南郡	晋吕郡	上阳郡	汝南郡	琅玡郡	松阳郡
曾	毋	沙	乜	養	鞠	須	豐
彭城郡	陇西郡	襄阳郡	西河郡	齐　郡	东海郡	广陵郡	平昌郡
巢	關	蒯	相	查	后	荊	紅
广平郡	东海郡	天水郡	广平郡	汝南郡	冯翊郡	谯国郡	括阳郡
游	竺	權	逯	蓋	益	桓	公

兰陵郡		河内郡		天水郡		渤海郡	
萬	俟	司	馬	上	官	歐	陽
谯国郡		琅玡郡		河南郡		平原郡	
夏	侯	諸	葛	聞	人	東	方
渤海郡		京兆郡		太原郡		顿丘郡	
赫	連	皇	甫	尉	遲	公	羊
太原郡		鲁 郡		彭城郡		博阳郡	
澹	台	公	冶	宗	政	濮	陽
河内郡		千乘郡		东平郡		京兆郡	
淳	于	單	于	太	叔	申	屠
高阳郡		高阳郡		合阳郡		太原 郡	
公	孫	仲	孫	軒	轅	令	狐
会 郡		赵 郡		济阳郡		敦煌郡	
鍾	離	宇	文	長	孫	慕	容
渔阳郡				赵 郡		顿丘郡	
鮮	于	閭	丘	司	徒	司	空
孔子母	亓官氏	平昌郡		孟子母	仉 氏	天水郡	
亓	官	司	寇	仉	督	子	車
丹阳郡		鲁 郡		仪父郡		顿丘郡	
颛	孫	端	木	巫	馬	公	西

蔡 郡		天水郡		秦 郡		东国郡	
漆	雕	樂	正	壤	駟	公	良
颍川郡		抚城郡		鲁 郡		下邳郡	
拓	拔	夾	谷	宰	父	谷	梁
平阳郡		太原郡		天水郡			
晉	楚	閆	法	汝	鄢	涂	欽
		蔡 郡		济南郡		河内郡	
段	干	百	里	東	郭	南	門
太原郡		京兆郡		京兆郡		晋 郡	
呼	延	歸	海	羊	舌	微	生
山阳郡		太原郡		后江郡		东海郡	
岳	帥	緱	亢	况	后	有	琴
冯翊郡		济 郡		济阳郡		梁国郡	
梁	丘	左	丘	東	門	西	門
汝南郡	平阳郡	新郑郡	古滇郡	鲁 郡	吴 郡	东鲁郡	
商	牟	佘	佴	伯	賞	南	宮
梁 郡	长葛郡	京兆郡	建平郡	怀远郡	西河郡	陇西郡	辽东郡
墨	哈	譙	笪	年	愛	陽	佟
陇西郡		汝南郡	百济郡				
第	五	言	福	百	家	姓	續

序号	姓氏	百分比%	序号	姓氏	百分比%
1	李	7.94	20	羅	0.86
2	王	7.41	21	梁	0.84
3	張	7.07	22	宋	0.81
4	劉	5.38	23	鄭	0.78
5	陳	4.53	24	謝	0.72
6	楊	3.08	25	韓	0.68
7	趙	2.29	26	唐	0.65
8	黃	2.23	27	馮	0.64
9	周	2.21	28	于	0.62
10	吳	2.05	29	董	0.61
11	徐	1.66	30	蕭	0.59
12	孫	1.54	31	程	0.57
13	胡	1.31	32	曹	0.57
14	朱	1.26	33	袁	0.54
15	高	1.21	34	鄧	0.54
16	林	1.18	35	許	0.54
17	何	1.17	36	傅	0.51
18	郭	1.15	37	沈	0.50
19	馬	1.05	38	曾	0.50

附錄四：現當代100家大姓排行

序号	姓氏	百分比%	序号	姓氏	百分比%
39	彭	0.49	58	田	0.38
40	呂	0.47	59	任	0.38
41	蘇	0.47	60	姜	0.37
42	盧	0.47	61	范	0.36
43	蔣	0.47	62	方	0.36
44	蔡	0.46	63	石	0.35
45	賈	0.42	64	姚	0.35
46	丁	0.42	65	譚	0.34
47	魏	0.42	66	廖	0.34
48	薛	0.42	67	鄒	0.33
49	葉	0.42	68	熊	0.32
50	閻	0.41	69	金	0.32
51	余	0.41	70	陸	0.31
52	潘	0.41	71	郝	0.30
53	杜	0.40	72	孔	0.29
54	戴	0.39	73	白	0.29
55	夏	0.39	74	崔	0.28
56	鍾	0.39	75	康	0.28
57	汪	0.38	76	毛	0.27

序号	姓氏	百分比%	序号	姓氏	百分比%
77	邱	0.27	89	錢	0.22
78	秦	0.26	90	湯	0.19
79	江	0.26	91	尹	0.19
80	史	0.25	92	易	0.19
81	顧	0.25	93	黎	0.18
82	侯	0.25	94	常	0.18
83	邵	0.24	95	武	0.18
84	孟	0.24	96	喬	0.18
85	龍	0.24	97	賀	0.18
86	萬	0.24	98	賴	0.18
87	段	0.23	99	龔	0.17
88	雷	0.23	100	文	0.17

根據中國科學院遺傳研究所研究人員杜若甫先生、
袁義達先生所提供的資料整理。

附錄五：近現代陳姓面面觀

近年來，中國科學院遺傳研究所的專家袁義達、杜若甫，根據國家統計局人口統計司提供的一九八二年全國人口萬分之五的隨機抽樣資料和一九七〇年臺灣省出版的《臺灣地區人口之姓氏分布》一書進行統計，再經過計算機處理，研究出以人口多少爲序的「新百家姓排列」，結果表明，陳姓約占漢族人口的4.53％，是當今中國第五大姓，排在李、王、張、劉四姓之後，當時人口已超過五千萬。

國內陳姓的分布

陳姓在國內分布極其廣泛，各省、市、自治區都有許多陳氏聚居點。有關資料顯示，南方地區多陳姓，在臺灣、廣東二省，陳姓約占本省人口的10％以上，爲全省第一大姓；廣東、四川、福建、浙江、江蘇、河南、湖北、湖南、山東等九省陳姓約占全國漢族陳姓人口的67%。目前，生活在河南的陳姓人口約有六百萬人，生活在湖南邵陽、岳陽、安仁的陳姓約有一百多萬人，福建同臺灣一樣，也有「陳、林半天下」之說。

河南淮陽是陳姓的發源地，這裡的陳姓人，有當年陳國滅亡後沒有外遷，留居故土，一代接一代傳衍至今的，被稱爲「老陳戶」；也有陳國滅亡後遷徙外地，又輾轉他鄉，滄海桑田，後又遷回淮陽的。據一九八七年對淮陽縣八個鄉進行的調查統計，陳姓居民分布於一百多個自然村中，共有三萬六千餘人，分別占鄉民戶數的第一至第五位。淮陽的陳姓人，族派紛繁，並非出自一個分支，而是來自許多地方，例如，淮陽縣柳林集《陳姓族譜》就說，他們這一支遷往安徽合肥城內，居住在鐵井欄旁，因稱鐵井欄陳氏。明朝初年因兵革屢興，又從合肥遷居淮陽柳林集，至今已有六百餘年歷史，分散在三十多個村庄中，人口逾萬。也有從江西德安義門、江蘇南京等地遷入的，大都散居在淮陽城內。還有明初從山西洪洞遷來的，以及山東的移民，他們大都住在鄉下，例如陳庄、陳凹、陳牌坊、金陳庄等。

一九八五年以來，陳氏祖籍地淮陽積極開展姓氏研究活動，成立了「淮陽陳氏宗親研究會」，先後編輯出版了《陳氏宗親》一、二、三集。一九九二年，在淮陽陳氏宗親研究會的基礎上成立了「中國陳氏宗親聯誼會淮陽總會」，並選出了領導成員，永遠名譽會長是原中國人民對外友好協會副會長陳昊蘇、美國總統亞洲事務助理陳香梅、新加坡陳永和控股有限公司董事長陳永和、臺灣世界陳氏宗親總會名譽會長陳立夫、泰國陳氏宗親總會理事長陳振治。名譽會長是馬來名亞陳氏宗親總會會長拿督陳來金、廈門市集美學校委員會副主任陳忠信、河南書畫院院長陳天然。顧問是河南省僑聯主席、僑辦主任陳雪梅。爲擴大聯誼活動，梳理清楚陳氏源流，淮陽總會於一九九三年春天派人專程對河南、江西、福建、浙江、廣東、湖南六省和北京地區陳姓族人較爲集中的縣、市、鄉、鎮、村考察聯誼。一九九六年元月，淮陽總會又組團赴新加坡、馬來西亞、泰國、香港、澳門進行聯誼活動。近年來，馬來西亞、泰國以及臺灣、香港、福建、廣東、廣西、貴州等地的陳氏宗親也紛紛前往淮陽尋根謁祖。

河南長葛是陳姓的重要居住之一，是潁川陳氏主要人物、東漢和帝年間名臣陳寔的故鄉。爲了紀念他，他的出生地陳故村（河南省長葛縣東古橋鄉陳故村）附近的李庄、歐庄、白庄、郭庄、小劉庄、新庄、張庄、肖庄八個自然村均改名爲陳故，自東漢以來一直沿襲至今。陳寔八十三歲時逝世，安葬於出生地陳故村附近，至今墓冢猶存。長葛的陳姓有多少人，雖無精確數字，但無疑是陳姓中較大的一支。一九九二年五月，世界陳氏宗親總會派陳延厚先生爲代表，回到長葛尋根謁祖，瞻拜了陳大邱（寔）墓，參觀了陳氏故里，表示要加強宗親聯誼，增進民族團結，促進祖國的四化建設。

春秋時期，陳哀公之妾生子叫留，被立爲國君後引起國內變亂，楚國發兵來攻，陳君留逃往鄭國，他曾經居住過的地方，便以他的名字作爲地名，也就是今天河南省開封縣南邊的陳留鎮。如今那裡的陳姓居民都是陳君留的后裔。

福建陳氏，除晉代、唐代幾次自中原遷入者外，還有來自浙江的，這就是莆田玉湖陳氏。玉湖又稱白湖，今稱闊口，在莆田城南木蘭溪北岸，古代是著名渡口。北宋慶歷年間一個叫陳仁的人，從錢塘（今浙江杭州）遷來玉湖浦邊定居，遂爲玉湖陳氏始祖。玉湖陳氏第四代、第八代分別出了榜眼陳俊卿和狀元陳文龍，兩人先後拜相，是抗金、抗元的民族英雄。宋朝天子追贈二陳的上三代八人爲太師，玉湖陳氏祖祠至今仍有「一門二丞相，九代八太師」的石刻楹聯。

南宋末年，陳瓚、陳文龍叔侄在莆田誓死抗元，陳文龍不幸被俘，絕食殉國於杭州西湖岳飛廟，葬於智果寺旁。一九三〇年，鄉賢張琴等發起重修陳文龍之墓，墓碑由張琴同科進士譚延闓書丹。張琴曾撰一聯，將陳文龍與岳飛、文天祥、于謙相提並論，由其同科探花商衍鎏書寫立於墓前：

南宋兩狀元，理宗丙辰科，度宗戊辰科，十餘年甲第聯鑣，千古文章標節義；西湖二忠肅，前身岳少保，後身于少保，四五里松楸相望，雙懸日月照乾坤。

陳文龍被俘至福州合沙時，寫有《與仲子訣別詩》，蒼涼悲壯，堪與文天祥的《過零丁洋》詩相媲美：

斗壘孤危弱不支，書生守志誓難移。
自經溝瀆非吾事，得死封疆是此時。
須信累臣堪衅鼓，未聞烈士樹降旗。
一門百指胥淪北，惟有丹衷天地知。

如今陳文龍墓已被列爲杭州市文物保護單位。

陳瓚以布衣之身毀家經難抗元，被元兵所殺。朱元璋建立明乾後，曾在全國各地建城隍廟封神，陳文龍、陳瓚分別被封爲福州府、興化府的主神，《明史・禮祀志》對此有記載。玉湖陳氏祖祠現存建築爲明萬歷及清同治年間重修，有「陳丞相里第」、「狀元里」、「文章魁天下，節義愧當時」、「地瘦栽松柏，家貧子讀書」等石刻。一九九一年，愛國僑胞陳德發等捐資重修玉湖祖祠，民革中央名譽主席屈武題寫了「玉湖陳氏祖祠」額和「民族英雄」匾。

玉湖陳氏在宋、明時期多次南遷廣東、廣西、海南，並東渡臺灣。如陳俊卿胞兄堯卿定居廣東海陽（澄海），近年澄海陳氏曾回莆田尋根。明初玉湖陳氏第十二代陳康，作爲閩人三十六姓之一赴琉球定居日本沖繩，一九八八年以來，陳康第十七代孫仲本盛康先生等人多次來莆田尋根，認定陳康是從興化灣南岸，也就是今莆田縣北高鎮美瀾村（馬欄）出發前往日本的。

福建還有許多地方有陳姓後裔，成爲福建著姓，素有「陳、林、蔡，福建占一半」的諺語。

海外陳姓華僑

陳氏不僅廣泛分布於全國各地，而且還有許多人僑居於馬來西亞、新加坡、菲律賓、泰國、印度尼西亞和美、英、法、加拿大、澳大利亞等國家。海外的陳姓華僑，組織有數十個宗親會，並聯合組成世界陳氏宗親總會，積極開展宗親聯誼活動，他們在真誠爲僑居國、僑居地的繁榮與進步貢獻自己的聰明才智的同時，又時刻關心祖國大陸的建設、眷戀祖居地的熱土，因而涌現出一批著名人物。現選擇有代表性的，予以簡要介紹。

明代琉球華僑陳申　陳申，同安（今屬福建）人，明代經商於琉球，是一位愛國華僑。明神宗萬曆二十年（一五九二年），日本豐臣秀吉集兵於九州島，計劃先佔領朝鮮，作爲跳板，然後由遼東入關，將天皇首都遷到北京，坐鎮中原，「以轄萬國」。陳中聽到這一清息後，擔心祖國受到損害，立即與琉球長史鄭迴商議，設法把敵情稟告明朝政府。這樣，他仍放心不下，不久又回故鄉，向巡撫趙參魯報告了敵情。趙巡撫立即將情況轉報兵部，由兵部通知朝鮮王，雙方積極進行準備，爲明政府聯合朝鮮抗擊日本侵略爭得了時間和主動權。

菲律賓華僑陳謙善　陳謙善是清朝末期人，家庭貧苦，於清同治年間去菲律賓做苦工。當時，菲律賓是西班牙的殖民地。他聰明機警，很快便能熟練使用西班牙語，後充任甲必丹（首領），與西班牙王宮的寵臣交誼很深，因而菲律賓歷任總督都敬他三分。由於他敢於負責，華人都叫他陳最戈。他爲華人爭得了一些權利，如廢除華人死刑、不得脇逼福建女子當娼妓等；還辦了許多華僑公益事業，因而深受華僑愛戴。他死後，菲律賓各界人士及華僑，在首都馬尼拉爲他塑立銅像，至今仍存。

陳謙善之子陳剛，也很有作爲，他回中國參加科舉考試，考上了進士，被任命爲中國駐菲律賓第一任領事。他於光緒二十四年（一八九八年）在領事館設立學校，名叫「中西學校」，是南洋華僑學校的首創；次年，又建立了馬尼拉中華總商會。

繅絲先行者陳啓源　陳啓源是廣東南海縣西樵鄉簡村人，約於一八二五年出生在一個普通農民家庭裡。父親死後，跟隨二哥陳啓樞生活，主要以農桑爲業。陳啓樞爲生活所迫，於一八五一年出國去越南謀生，三年後稍有積蓄，便回國帶啓源往越南，一同在那裡從事雜貨、紗綢買賣。陳啓源本來就聰明好學，悟性極好，在越南期間曾專程到暹羅（泰國）、緬甸進行考察，提高很快；當他看到暹羅用蒸氣機作動力進行繅絲時，很受啓發，後經長期潛心研究與準備，於一八七二年攜資回到故鄉，在進一步對江蘇、浙江、上海等地的蠶桑業實地考察後，於次年以七千兩白銀的資本在故鄉簡村創辦起繼昌隆繅絲廠。該廠佔地四十多畝，機器設備齊全，擁有職工四百多人，規模相當可觀。工廠在陳啓源及其兒子的精心管理下，生產良好，買賣興隆；後雖因社會環境不安而遷廠到澳門，又曾兩次改名，一九二八年，倒閉。但陳啓源開中國機器繅絲業先河之功不可磨滅，繼昌隆繅絲廠在中國民族工業發展史上的地位也是不可低估的。在陳啓源的帶動下，僅幾年時間，南海、順德兩縣繅絲業迅速興起，工廠達數十家；到一九〇一年，廣東省繅絲全部改用機器，擁有女工十萬多人。

造福桑梓的陳宜禧

陳宜禧（一八四四—一九二九），廣東新寧（今臺山）縣六村區朗美村人，少年赴美，至壯年時便成爲美國西雅圖華僑領袖之一。他身在美國，卻情系桑梓，於暮年返回故鄉，主持修筑新寧鐵路。這條鐵路全長一四五公里，從一九〇六年五月破土動工，至一九二〇年三月全線通車，共三期工程，歷時十四年。他爲此付出了極大的精力，投入了大部分家財，至八十五歲去世時，只留下三間房屋和二十畝薄田。

一九二六年十一月十一日，廣東省政府以「管理不善」爲由，動用武裝力量，由新組成的「新寧鐵路整理委員會」接管了陳宜禧主管的新寧鐵路及董事局一切權力。新寧鐵路雖被搶走，然而陳宜禧造福鄉里的事跡卻永垂青史。

愛國實業家陳嘉庚　陳嘉庚（一八七四—一九六一），著名愛國華僑領袖，字科次，福建同安縣集美村（今廈門市集美鎮）人，十七歲時南渡至新加坡，先是協助父親經營米店，後獨立經營罐頭業和橡膠墾殖業，逐漸發展成爲東南業橡膠王國四大開拓者之一。又兼營其他業，以華僑大實業家之名蜚聲海內外，他早年支持孫中山的革命運動，抗日戰爭時組織南洋華僑籌賑祖國難民總會。中華人民共和國成立後，回國定居，擔任僑聯主席。一九六一年八月病逝於北京。他錢財雖多，自奉甚儉，多用於辦學。先後在家鄉集美辦有男子小學、女子小學、男子師範學校、男子中學、水產虎海學校、商業學校等，合稱集美學校，又獨資創辦了廈門大學。他一生累計爲文化教育事業捐款人民幣五點四億元，臨終又把銀行存款三百多萬元捐獻，未給子孫留一分錢。

孫中山秘書陳友仁　陳友仁（一八七五—一九四四），原籍廣東順德，出身於美洲牙買加島華僑家庭，早年在英國讀書，並在倫敦做律師。一九一三年回國，任北京英文《京報》總編輯，曾被袁世凱逮捕。一九二四年任孫中山秘書。孫中山逝世後，在北京創辦英文《民報》；一九二七年任武漢國民政府外交部部長，「七一五」反革命政變後赴歐游歷。一九三二年又一度任國民黨政府外交部部長，主張抗戰，被迫去職。一九三四年參加李濟深等在福建成立的「中華共和國人民革命政府」，失敗後赴法。一九三七年後閒居香港，一九四一年被侵占香港的日軍拘捕，強迫移居上海，一九四四年病逝。

少數民族中陳氏

在我國的五十六個民族中，漢族是中華民族的主體民族，少數民族主動改稱漢姓，表明他們已經接受了漢族先進文化的熏陶，同時表明中華民族中的各個民族已經有了融合的趨勢，這是一種可喜的歷史進步現象。除了第一章中介紹的鮮卑族侯莫陳氏改爲陳氏外，其他少數民族中，如女真、蒙古、滿、哈尼、侗、土家、布依、瑤、京、羌、回、苗等民族中也有陳姓。但這些陳姓少數民族雖姓漢姓，卻未改變其民族成分。這一事實說明，中原的華夏族遷往邊陲，邊陲的少數民族入主中原，這種遷移使得你中有我，我中有你，漢族人與少數民族人的血管裡，都流躺著對方的血液，中華民族就是由五十六個民族共同組成的。

女眞族陳氏 主要系女真族皇族完顏氏所改，有的在金末已經形成。

蒙古族陳氏 是明太祖朱元璋賜給已經降明的蒙古貴族的姓。

滿族陳氏 有兩種情況：一是後金努爾哈赤統治時，居住在東北的漢族陳氏，被強迫改爲滿族陳氏；二是本系滿族姓氏，改爲陳氏，仍屬滿族。

侗族陳氏 如廣西民族研究所副教授陳衣、《優秀的傳統建築藝術》一書作者陳春園等即是侗族陳氏。

土家族陳氏 如第六屆人民代表、湖北人陳忠信即是土家族陳氏。

布依族陳氏 如貴州省民委副主任陳永康即是布依族陳氏。

瑤族陳氏 湖南新寧縣黃卜洞瑤民、麻雷洞瑤民、圳源洞瑤民及汝城縣瑤民中均有陳氏。廣西大瑤山山子瑤十五姓也有陳氏。

京族陳氏 爲該族大姓，如第六屆人民代表、廣西防城縣人陳潤芬（女）即是京族陳氏。

羌族陳氏 如第六屆人民代表、四川茂汶縣人陳花花（女）即是羌族陳氏。

回族陳氏 明成祖時，山東歷城回民陳氏被指定爲葬於德州北郊北營村的蘇祿東王墓供役。民國初年，由河南各地遷到湖北沙市三岔路、迎禧街一帶的回民有陳氏。

苗族陳氏　如廣東省民族委員會委員陳斯德、城步縣政協主席陳加壽等即是苗族陳氏。

此外，壯族、黎族、彝族、朝鮮族、白族、高山族、畲族等少數民族中也都有陳氏。於此可見，陳氏不僅是漢族大姓，而且在許多少數民族姓氏中也佔有重要地位。

近現代陳姓名人

進入近代以來，尤其是到了現代，陳姓涌現出來的人才更多，而且分布在諸多領域內。

中國無產階級革命家：

陳潭秋（一八九六—一九四三）　湖北黃岡人。一九二〇年在武漢參加組織共產主義小組，一九二一年七月出席中國共產黨第一次全國代表大會，一九二四年任中共武漢地委書記，一九二六年任湖北省委組織部部長。第一次國內革命戰爭失敗後，曾任中共江西省委書記、江蘇省委秘書長、中共組織部秘書、中央駐順直省委代表、滿洲省委書記、福建省委書記等職。一九三三年任中央工農民主政府糧食人民委員。一九三四年後赴蘇聯參加共產國際工作。一九三九年回國，任中國共產黨駐新疆辦事處負責人。一九四二年被軍閥盛世才逮捕，在獄中與敵人進行了頑強的斗爭；次年九月在迪化（今烏魯木齊）遭殺害。

陳延年（一八九九—一九二七）安徽懷寧人，陳獨秀之子。在法國勤工儉學時參加中國社會主義青年團。一九二二年加入中國共產黨，次年去蘇聯學習。回國後，一九二四年任中國共產黨廣東區委書記，領導了省港大罷工。一九二七年後任江浙區委書記、江蘇省委書記；在中國共產黨第五次全國代表大會上當選爲中央委員、中央政治局候補委員；同黨內的右傾機會主義路線做過堅決鬥爭。一九二七年六月在上海被國民黨反動派逮捕，英勇犧牲。

陳　賡（一九〇三—一九六一）湖南湘鄉人。一九二二年加入中國共產黨，黃埔軍官學校第一期畢業。一九二七年參加八一南昌起義。一九三〇年後任中國工農紅軍師長和紅軍學校校長。長征中任紅軍幹部團團長。抗日戰爭爆發後，任八路軍第一二九師第三八六旅旅長和太岳軍區司令員，在中國共產黨第七次全國代表大會上當選爲候補中央委員。第三次國內革命戰爭時期，任中國人民解放軍縱隊司令員、兵團司令員。建國後，任西南軍區副司令員兼雲南軍區司令員和雲南省人民政府主席。抗美援朝戰爭中任中國人民志願軍副司令員。一九五四年任中國人民解放軍副總參謀長。中國共產黨第八次全國代表大會上當選爲中央委員。一九五九年任國防部副部長。一九六一年三月十六日在上海病逝。

陳　毅（一九〇一—一九七二）　四川樂至人。無產階級革命家、軍事家、中國人民解放軍傑出的領導者與組織者之一。一九一九年去法國勤工儉學。一九二二年加入中國社會主義青年團，一九二三年加入中國共產黨。八一南昌起義後參加中國工農紅軍，任團黨代表。一九二八年四月，同朱德一起率領南昌起義保留下來的部隊和湘南起義的農軍上井岡山，同毛澤東率領的部隊勝利會師，歷任中國工農紅軍第四軍政治部主任、軍委書記，爲建設井岡山革命根據地和發展工農紅軍做出了貢獻。一九三四年中央紅軍長征後，留在江西蘇區，在極端艱苦的條件下，堅持了三年游擊戰爭，支援了紅軍北上抗日。抗日戰爭時期歷任新四軍一支隊司令員，新四軍代理軍長、軍長，模範地執行了黨的抗日民族統一戰線的政策、策略。第三次國內革命戰爭時期，先後任山東野戰軍、華東野戰軍、第三野戰軍司令員兼政治委員，爲解放全中國進行了英勇的戰鬥。解放後，歷任華東軍區司令員、上海市市長、中共中尺軍委副主席、國務院副總理兼外交部部長、中國人民政治協商會議全國委員會副主席、國防委員會副主席。中國共產黨第七、第八、第九屆全國代長大會上均當選爲中央委員。中共八屆一中全會上當選爲中央政治局委員。襟懷坦白，光明磊落，在文化大革命中，同「四人幫」進行了堅決的鬥爭。一九七二年一月六日在北京病逝。

陳　云（一九〇五—一九九五）　原名廖陳云，江蘇青浦（今屬上海）人。一九一九年到上海商務印書館當學徒，一九二五年參加五卅運動，同年加入中國共產黨。從一九三一年中共六屆四中全會起至一九九五年期間，爲歷屆中央委員。一九三四年十月參加長征，先後任紅五軍團中央代表、軍委縱隊政委等。一九三五年五月被派往上海恢復黨的秘密工作，同年赴蘇聯，在中共駐共產國際代表團工作。一九三七年四月回國，歷任中共中央組織部部長、中華全國總工會主席等。中華人民共和國成立後，歷任國務院副總理、全國人大常務委員會副委員長等。一九七八年在中共十一屆三中全會上當選爲中央政治局委員、中央副主席，並任中央紀律檢查委員會第一書記，後擔任中央顧問委員會主任。他是杰出的馬克思主義者，是中國社會主義經濟建設的開創者和奠基人之一。

政治軍事方面：

陳天華（一八七五—一九〇五）　近代民主革命家，湖南新化人。一九〇三年留學日本，參與組織拒俄義勇隊首軍國民教育會，並與黃興等從事反清革命活動；著《猛回頭》、《警世鐘》等書，宣傳革命思想，影響甚大。次年回國參與組織華興會，準備在長沙起義未成，逃亡日本。一九〇五年參加發起同盟會，十二月在東京參加抗議日本政府《取締清韓留日學生規則》的鬥爭，憤而投海自殺，留下絕命書，鼓勵同志誓死救國。

陳叔通（一八七六—一九六六）　全國人大副委員長，浙江杭州人，清末翰林。甲午戰爭後留學日本。參加過維新運動。辛亥革命後，任第一屆國會眾議院議員；後長期擔任上海商務印書館董事、浙江興業銀行董事。抗戰勝利前夕，參加籌組上海市各界人民團體聯合會。一九四九年出席中國人民政治協商會議第一屆全體會議。建國後，任中央人民政府委員、全國人民代表大會常務委員會副委員長、政協全國委員會副主席、中華全國工商業聯合會主任委員，一九六六年二月十七日在北京病逝。

陳獨秀（一八八〇—一九四二）　中共早期領導人，安徽懷寧人，早年留學日本。一九一五年主編《新青年》，一九一七年任北京大學文學院學長，一九一八年和李大釗創辦《每周評論》。提倡新文化，宣傳馬克思主義，爲五四運動時期的激進民主派。一九二〇年發起組織上海共產主義小組。一九二一年中國共產黨成立，由於他在五四運動時期的名聲，被選爲黨的總書記。第一次國內革命戰爭後期，黨內以他爲代表的右傾機會主義思想形成了投降主義路線，對蔣介石的反革命進攻采取妥協投降的政策，使革命遭到失敗，一九二七年在黨的八七會議上被撤銷總書記的職務，仍堅持錯誤。後和托洛茨基分子勾結，成立反黨組織，於一九二九年十一月被開除出黨。一九四二年死於四川江津。

陳果夫（一八九二—一九五一）　國民黨CC系領導人，浙江吳興人。早年在上海做投機買賣，爲上海証券物品交易所經紀人，一九二四年被蔣招往廣州。南京國民黨政府成立後，曾任國民黨中央常務委員兼組織部部長、監察院副院長、江蘇省政府主席等職，與其弟陳立夫成立中央俱樂部（即CC）和中國國民黨中央執行委員會調查統計局（即中統局），進行情報工作，是國民黨CC系首領之一。一九五一年死於臺灣。

陳　誠（一八九六—一九六五）　國民黨行政院院長，浙江青田人。早年畢業於保定軍官學校，曾任黃埔軍官學校教官、國民黨第十八軍軍長、參謀總長等職，是蔣介石嫡系。第三次國內革命戰爭時期，指揮國民黨軍隊向我山東、東北解放區進犯，被擊敗。後又任臺灣省主席、國民黨行政院院長、副總統等職，一九六五年死於臺灣。

文化藝術方面：

陳　衍（一八五六—一九三七）　近代文學家，號石遺老人，福建侯官（今閩侯）人。清光緒時曾任學部主事。後爲張之洞幕客。辛亥革命後所作《石遺室詩話》，是「同光體」詩派的主要評論著作。另有詩集、文集，並輯有《近代詩鈔》和遼詩、金詩、元詩《紀事》等。

陳三立（一八五二—一九三七） 著名詩人，江西修水人，室名散產精舍。清光緒時官吏部主事，曾參加戊戌變法。辛亥革命後，以遺老自居，並表現在詩中。在藝術形式上好用僻詞拗句，流於艱澀，爲同光體主要作家。有《散原精舍詩、續集、別集》及《散產精舍文集》。

陳去病（一八七四—一九三三） 著名詩人，江蘇吳江人，早年要求變法維新，後參加同盟會。爲南社創始人之一。辛亥革命後，任江蘇革命博物館館長，後任東南大學教授等職，政治思想日趨消極。所寫詩歌頗多悲憤國事之作，有《浩歌堂詩鈔》。

陳衡恪（一八七六—一九二三） 畫家，江西修水人。陳三立之子，曾留學日本，歸國後從事美術教育。善詩文、書法，尤長繪畫、篆刻，曾得吳昌碩指授。山水參合沈周、石濤筆法，喜作園林小景；寫意花果取法陳道復、徐渭，並結合寫生；亦偶作風俗人物畫。著有《中國繪畫史》、《中國文人畫之研究》等。

陳彥衡（約一八六四—一九三四） 戲曲音樂家，四川人。清光緒時在北京從梅雨田學胡琴，對京劇老生、特別是譚鑫培的唱腔頗有研究。他曾記錄譚所演劇目十一種的工尺譜，編爲《說譚》、《戲選》、《燕臺菊萃》等書，解放後合刊爲《譚鑫培唱腔集》（十種）。

陳墨香（一八八四—一九四三）　劇作家，湖北安陸人。作有京劇《釵頭鳳》、《孔雀東南飛》等，並整理了全本《玉堂春》等，共五十餘種。其作品大都以封建社會女性受迫害爲題材，但也帶有封建正統思想。

陳波兒（一九一〇—一九五一）　戲劇、電影藝術家，女，廣東汕頭人，中國共產黨黨員。拉日戰爭前曾主演舞臺劇《梁上君子》和進步影片《桃李劫》、《生死同心》等。一九三七年組織上海婦女兒童慰勞團前往綏遠抗日前線，演出街頭劇《放下你的鞭子》等。一九三八年曾組織婦女兒童考察團，活躍在華北各拉日根據地。一九四〇年在延安，參加編導了舞臺劇《同志，你走錯了路》等，並創作電影劇本《邊區勞動英雄》。一九四六年赴東北參加電影制片廠的創建及領導工作，主持拍攝了新聞記錄片《民主東北》十七輯。解放後，繼續擔任電影事業的領導工作。

在社會科學和自然科學等領域：

陳寅恪（一八九〇—一九六九）　現代史學家，江西修水人，清末大臣陳寶箴之孫。幼承庭訓，即能背誦十三經。十三歲時赴日本求學，後又在德、瑞士、法、美等國深造，前後凡二十三年，通蒙文、藏文、日文、梵文、波斯文、突厥文、西夏文、希臘文及英、法、德文。一九二五年回國後，先後任清華國學研究院導師，清華大學、西南聯合大學、嶺南大學教授，曾兼任中央研究院歷史語言研究所研究員及歷史組主任、明清內閣大庫檔案編委會委員等職。一九三九年，英國牛津大學聘他爲中國學教授，因第二次世界大戰爆發未能成行。日本侵略者想讓他到淪陷區或香港任教，被嚴詞拒絕，輾轉流徙，生活困頓，但仍治學不輟，寫成《隋唐制度淵源略論稿》、《唐代政治史述論稿》，是研究唐代政治制度的椎輪之作。因積勞成疾，一九四五年雙目失明。新中國成立後，任中山大學教授、中國科學院學部委員、中尺文史館副館長、全國政協常委等職。他學識淵博，對魏晉南北朝史、隋唐史、蒙古史及宗教經典，均有精湛研究，著有《元白詩箋証稿》、《柳如是別傳》、《金明館叢稿》等。

陳　垣（一八八〇—一九七一）　現代史學家，字援庵，曾用名星藩、援國，廣東新會人。早年在廣州參加反清鬥爭，又在中小學教過書，辦過《時事畫報》、《震旦日報》學過醫，創辦過光華醫學院和平民中學，一度擔任中華民國政府教育部次長，不久辭職。曾任北京大學、北平師範大學、燕京大學教授，輔仁大學校長，京師圖書館館長，故宮博物院理事兼故宮圖書館館長，中央研究院歷史語言所研究員、院士等。解放後，任北京師範大學校長、中國科學院哲學社會科學部委員、歷史研究所第二所所長等職，一九五九年加入中國共產黨。他治學精勤刻苦，對火襖、摩尼、佛道、天主教等宗教史，以及元史、年代學、校勘、輯逸、史諱等方面，均有創造性的研究。他寫有史學專著十幾種，論文一百餘篇，主要有《元典章校補釋例》、《元也里可溫教考》、《元西域人華化考》等。

陳攖寧（一八八〇—一九六九） 道教學者，安徽懷寧人。少時攻讀古籍、醫書，後學道，二十九歲起歷游九華、武當、嶗山等名山勝跡，求師訪友，習煉養身之術。三十八歲時常居上海，主辦《仙學月刊》、《半場月刊》等道學雜誌，曾研讀明道藏，寫出部分道藏目錄、索引及道書多種，在近代道教和中醫界有一定影響。解放後，曾任中國道教協會副會長、會長等職。

陳望道（一八九〇—一九七七） 學者，浙江義烏人，中國共產黨黨員。早年留學日本，一九一九年回國，即從事新文化運動和宣傳馬克思主義的革命活動。一九二〇年春翻譯出版《共產黨宣言》，同年參加創立上海共產主義小組，並任《新青年》雜誌編輯。一九二三—一九二七年任中國共產黨創辦的上海大學中文系主任、教務長。一九三四年參加發起「大眾語」運動，同年主編《太白》半月刊，後從事教育工作。建國後任復旦大學校長、中國科學院哲學社會科學部委員、上海哲學社會科學聯合會主席、上海語文學會會長、《辭海》編輯委員會主編。全國人民代表大會第一、二、三、四屆代表，第七屆全國人民代表大會常務委員會委員、全國政協第四屆常務委員會委員。一生從事文化教育工作，研究哲學社會科學。倡導語文改革，對語法學、修辭學尤有貢獻，主張用功能觀點研究漢語語法。著有《修辭學發凡》、《文法簡論》、《作文法講義》、《美學概論》、《因明學》等。

陳　嶸（一八八八—一九七一）　林學家，浙江安吉人，曾任金陵大學林學系教授。解放後，任中國林業科學研究院林業科學研究所所長、中國林學會副理事長、代理事長等職。畢生從事林業教育和科學研究工作，對中國樹木學和造林學的建立與發展，做出了一定貢獻。著有《中國樹木分類學》、《造林學概要》、《造林學各論》、《中國森林植物地理學》和《中國森林史料》等。

陳煥鏞（一八九〇—一九七一）　植物學家，廣東新會人。曾任金陵、東南、中山常學教授，中山大學農林植物研究所主任、所長，廣西大學經濟植物研究所所長等職。一九五四年起，任中國科學院華南植物研究所所長，並任中國科學院生物學部委員。畢生從事植物分類學教學和研究工作，曾對我國華南地區的植物進行調查、採集和研究，積累了大量珍貴植物標本和資料。一九三〇年創辦植物學專門刊物《中山專刊》。晚年主持《海南植物志》的編纂工作，並與錢崇澍一起主持《中國植物志》的編纂工作。主要著作有《中國經濟樹木》、《銀杉——我國特產的松柏類植物》、《中國木蘭科新屬新種》等。

陳建功（一八九三—一九七一）數學家，浙江紹興人。曾任浙江大學教授，早年提倡國語講學，並自編中文數學教材。解放後，歷任復旦大學教授、杭州大學副校長等職，並任中國科學院數學物理化學部委員。他長期從事數學研究和教學工作，對函數論，特別是其中的直交函數級數論、三角級數論、單葉函數論和函數逼近論等方面理論問題的解決做出了貢獻。主要著作有《三角級數論》、《直交函數級數的和》和《實函數論》等。

陳　楨（一八九四—一九五七）生物學家，江西鉛山人。歷任東南大學、中央大學、清華大學、北京大學等校教授。解放後任中國科學院動物研究所所長、中國科學院生物學部委員和中國動物學會主任委員。他的科學研究工作主要爲金魚的遺傳、演化與變異，對動物的社會行爲和生物學史也都有研究。主要著作有《金魚的演化與變異》、《金魚演化史與品種形成的因素》、《螞蟻的社會對它們的築巢活動的影響》等。

陳心陶（一九〇四—一九七七） 寄生蟲學家，福建古田人，曾任嶺南大學教授、江西省衛生實驗所所長。解放後任華南醫學院和中山醫學院教授，廣東省寄生蟲病防治研究所和廣東省熱帶病研究所所長。一九五八年加入中國共產黨。他對吸蟲類尤其是對我國並殖吸蟲的發現和種別鑒定，以及消滅血吸蟲病和防治恙蟎的研究做出了重要貢獻。著有《醫學寄生蟲學》、《怡樂村並殖吸蟲》、《從並殖吸蟲研究的發展評論並殖科吸蟲的種類問題》等。晚年主編《中國吸蟲志》。

而在當代臺灣文壇上，陳姓也有不少人才。今僅以《中國文藝協會會員通訊錄》（二〇一〇年五月編印）爲準，列名的陳姓作家、詩人有：陳育虹、陳碧珠（陽荷）、陳宏、陳能梨、陳武雄（陳千武）、陳祖彥、陳義芝、陳玉梅（俞梅）、陳福成（古晟）、陳克華等數十人。

但社會也總是出現一些敗類，例如曾經是獨派的大頭目陳水扁，今因貪污關入天牢，這是中華民族的不孝子孫，也給後代中華兒女當一個「負面教材」。

附錄六：潘——出自河南固始的姓

按：筆者與潘姓結婚，順代述其源流。

關於潘姓的起源，古代的姓氏書有兩種說法。一是認爲出自姬姓，系以邑爲氏，即《廣韻》所說「周文王（子）華公（高）之子季孫（《元和姓纂》作伯季）食采於潘屬，因氏焉」。潘在何處？清人張澍《姓氏尋源》說：「潘屬上谷，魏《土地記》云：下雒城西南故潘城，必有以地爲氏者。」看來這只是一種推測，並無確鑿的根據。一九九〇年八月出版的《中國文化大博覽》解釋潘地爲「今陝西長安、咸陽以北之地。但查《中國古今地名大詞典》、《中國歷史地名大辭典》及《辭海》、《辭源》等書，均無此記載。因此，弄清潘的地望當是解釋潘姓起源的關鍵所在。

再一說是人爲潘姓出自華姓，系以字爲氏，即鄭樵《通志，氏族略》所云：芈姓，楚之公族，以字爲氏，潘崇之先」。但緊接著又說「未詳其始」。就是說潘姓起源於何時、系以誰的字爲氏均不清楚。《姓氏尋源》在引晉朝《潘岳家譜》說明潘姓是楚公族羋姓之後，以字爲氏後，又指出「潘崇是」。查《史記‧楚世家》，潘崇是春秋時楚成王太子商臣的老師，誘導商臣圍楚成王，迫使成王自殺。商臣代父立，是爲楚穆王，封潘崇爲太師，讓他掌管國事。《中國人名大辭典》將潘崇列爲潘姓人物。與此可見，潘姓不始於潘崇，而是在潘崇之前已經形成。

那麼，潘姓究竟是怎樣產生的呢？筆者認爲與古潘國有關。據揚育彬《河南考古》稱，春秋時期淮河流域有一個小國叫潘國，其地望可能在今河南固始縣境。文物出版社一九七九年出版的《文物考古工作三十年》說：今淮濱期思城有漢楚相碑，碑文記載稱：（孫叔敖）子辭，父有命如楚不忘亡臣社稷，固而欲有賞，必與潘國，下濕磽埆，人所不貪，遂封潘鄉，即固即也。天一閣本《固始縣志》卷二：固始縣，古潘國。國孫叔敖爲春秋時楚國期思人，官令尹，曾在期思，雩婁（今河南商城東）興修水利工程。於此可見，春秋時期確有一個潘國，其四望在今固始縣。一九七四年春在信陽縣北甘岸村西出土的三件青銅器中，有一件銅匜有銘文「佳番白（伯）含自乍（作）也（匜），其萬年無疆，子孫永寶用」；一九七八年初在橫川縣南磚瓦窯廠院內出土的五件銅器中，有一件銅盤有銘文「佳番君白（伯）[illegible]用其赤金……」；一九七九年三月在信陽西北楊河村一座春秋時期墓葬中出土的一批青銅器中，有兩鼎腹壁及一盤、一匜底內也均有「佳番昶伯者」等銘文。《古今姓氏書辯稱》云：「潘一作番」。這進一步說明了春秋潘國的存在。何光岳《楚源流史》說潘以楚邑。很可能是楚兼並潘國後在其故地置邑的。潘國的子孫以國爲氏，既潘氏。

此外，潘姓還有一支是少數民族改姓，即北魏孝文帝遷都洛陽後將鮮卑族的三字姓破多羅氏改爲單姓潘氏。

姬姓是黃帝的嫡系子孫，羋姓是黃帝之孫顓頊的后裔，鮮卑族是黃帝之子昌意的后裔。因而上述幾源同屬一宗，即從根本上講，潘氏是黃帝的后裔。由於《史記》載有潘崇的事跡，故潘氏大多以潘崇爲始祖。潘崇的兒子潘尫，爲楚大夫；孫子叫潘黨，繼爲大夫。東漢獻帝時有尙書左丞潘，爲滎陽呂牟今屬河南人。三國時吳有瀏陽侯潘濬，爲漢壽在（今湖南長縣東北）人。據《元和姓纂》記載，西晉時，滎陽中牟潘氏已成爲名門望族，到唐代，又在廣宗（在今河北境），漢壽，馮翊（今陝西大荔）、京兆（今陝西西安）、河南（今洛陽）等地成爲著姓。其中，廣宗潘氏系潘勖的裔孫潘才任西晉廣東太守而在廣宗安家發展起來的，此後，子孫因任官街原因又分出隋州，杭州等支脈；漢壽潘氏爲潘濬的後代，又分出江夏（今湖北武漢一帶）等支脈；馮翊、京兆潘氏，均爲潘勖的後代；河南潘氏爲破多羅氏所改，是潘威的後代。又據福建《漳州府志》記載，唐高宗總章年間，有河南固始人潘節，隨陳政、陳元光父子入閩開闢漳州，在當地安家，此後，子孫著盛，有的又遷居廣東，雲南等地。清代，潘姓不僅廣泛地分布於冀、魯、豫、蘇、皖、浙、湘、鄂、贛、閩、粵、滇、晉、陝、甘等省，而且從康熙年間開始，陸續有人移居臺灣，進而又有人到東南亞及其他一些國家和地區開基立業。

西晉有文學家潘岳，中牟人，長於詩賦，與陸機齊名，文辭華靡；因其姿儀美，是著名的美男子，有擲果盈車的故事而被稱爲潘郎，後常借以稱婦女所愛慕后的男子。潘岳之侄潘尼，亦爲西晉文學家，世稱二人爲「兩潘」，北宋初年有大將潘美，明代有水利家潘季訓，曾四任總理河道先後達二十七年，還有文學家潘之恒。明、清之陳有思想家潘平格，史學家潘檉章。明清代有江南溧陽農民起義潘茂，潘珍，學者潘末，詩人潘德輿，上海小刀會首領潘起亮，水族農民起義首領潘新簡。現代有詩人潘漠華。於此可見，潘氏不乏歷史名人。

旅居海外的潘姓華人，也都對當地的繁榮與進步做出了積極的貢獻，湧現出不少傑出人物。例如，印尼華人潘國強，善營草藥，所辦雄雞草藥廠爲印尼最大的草藥廠之一，產品行銷全國和東南亞，並多次在國際展銷會上獲優質獎，因而被譽爲印尼「草藥業大王」。按人數多少排列，潘姓在當今中國一百大姓中居於第五十二位。

臺灣藝文界的潘姓，按《中國文藝協會會員通訊錄》（二〇一〇年五月編印），列名有：潘佛彬（潘人木）、潘光、潘肇俊（汎汎）、潘精華、潘玉卿（潘麗莉）、潘皓、潘曉青（韻府）、潘艾嘉、潘成嘉等人。

另臺灣平埔族岸裡社（臺中豐原），其原族姓「畢拉哈」（詳見第二章），都在乾隆皇帝時賜「潘」姓，如潘敦仔、潘士興等，都對當時社會有大供獻的人，才在歷史上留下美名。

本書參考書目

1. 賴福順，《烏瞰清代臺灣的開拓》，臺北，日創社文化公司。二〇〇七年八月。
2. 李世榮、吳立萍，《臺灣的老鄉鎮》，臺北，遠足文化事業公司。民國九十九年元月，第二版。
3. 李欽賢，《臺灣城市記憶》，臺北，玉山社，二〇〇四年三月。
4. 陳福成，《神劍與屠刀》，臺北，文史哲出版社，二〇〇九年十月。
5. 陳福成，《臺北公館地區開發史》，臺北，唐山出版社，二〇一一年七月。
6. 陳瑞隆，《臺灣鄉鎮地名源由》，臺南，裕文堂書局，二〇〇六年九月。
7. 李欽賢，《臺灣的古地圖：日治時期》，臺北，遠足文化事業公司，民國九十七年十月。
8. 潘英，《臺灣平埔族史》，臺北，南天書局，八十七年元月。

9. 程大學，《臺灣開發史》，臺北，眾文圖書公司，八十九年十月。
10. 任崇岳，《陳》，陝西，陝西人民出版社，二〇〇二年四月。
11. 臺中《太平市公所農民曆》，二〇一一年辛卯年。
12. 林文龍，《霧峰林家》，南投，國史館臺灣文獻館，民國一百年十月。
13. 王存立、胡文青，《臺灣的古地圖：明清時期》，臺北，遠足文化事業公司，民國九十四年十二月。
14. 彭桂芳，《唐山過臺灣的故事》，臺北，青年戰士報社，民國七十年十月。
15. 彭桂芳，《臺灣百家姓考》，臺北，黎明文化事業公司，民國九十年四月。
16. 黃河琦，《臺灣輿圖》，臺南，國立臺灣歷史博物館，二〇一〇年九月。
17. 鄭恆隆、郭麗娟，《臺灣歌謠臉譜》，臺北，玉山社出版，二〇〇二年二月。

陳福成 60 著編譯作品彙編總集

編號	書　　名	出版社	出版時間	定價	字數（萬）	內容性質
1	決戰閏八月：後鄧時代中共武力犯台研究	金台灣	1995.7	250	10	軍事、政治
2	防衛大臺灣：臺海安全與三軍戰略大佈局	金台灣	1995.11	350	13	軍事、戰略
3	非常傳銷學：傳銷的陷阱與突圍對策	金台灣	1996.12	250	6	傳銷、直銷
4	國家安全與情治機關的弔詭	幼　獅	1998.7	200	9	國安、情治
5	國家安全與戰略關係	時　英	2000.3	300	10	國安、戰略研究
6	尋找一座山	慧　明	2002.2	260	2	現代詩集
7	解開兩岸 10 大弔詭	黎　明	2001.12	280	10	兩岸關係
8	孫子實戰經驗研究	黎　明	2003.7	290	10	兵學
9	大陸政策與兩岸關係	黎　明	2004.3	290	10	兩岸關係
10	五十不惑：一個軍校生的半生塵影	時　英	2004.5	300	13	前傳
11	中國戰爭歷代新詮	時　英	2006.7	350	16	戰爭研究
12	中國近代黨派發展研究新詮	時　英	2006.9	350	20	中國黨派
13	中國政治思想新詮	時　英	2006.9	400	40	政治思想
14	中國四大兵法家新詮：孫子、吳起、孫臏、孔明	時　英	2006.9	350	25	兵法家
15	春秋記實	時　英	2006.9	250	2	現代詩集
16	新領導與管理實務：新叢林時代領袖群倫的智慧	時　英	2008.3	350	13	領導、管理學
17	情情世界：陳福成的情詩集	時　英	2007.2	300	2	現代詩集
18	國家安全論壇	時　英	2007.2	350	10	國安、民族戰爭
19	頓悟學習	文史哲	2007.12	260	9	人生、頓悟、啓蒙
20	春秋正義	文史哲	2007.12	300	10	春秋論文選
21	公主與王子的夢幻	文史哲	2007.12	300	10	人生、愛情
22	幻夢花開一江山	文史哲	2008.3	200	2	傳統詩集
23	一個軍校生的台大閒情	文史哲	2008.6	280	3	現代詩、散文
24	愛倫坡恐怖推理小說經典新選	文史哲	2009.2	280	10	翻譯小說
25	春秋詩選	文史哲	2009.2	380	5	現代詩集
26	神劍與屠刀（人類學論文集）	文史哲	2009.10	220	6	人類學
27	赤縣行腳・神州心旅	秀　威	2009.12	260	3	現代詩、傳統詩
28	八方風雨・性情世界	秀　威	2010.6	300	4	詩集、詩論
29	洄游的鮭魚：巴蜀返鄉記	文史哲	2010.1	300	9	詩、遊記、論文
30	古道・秋風・瘦筆	文史哲	2010.4	280	8	春秋散文

陳福成60著編譯作品彙編總集

31	山西芮城劉焦智（鳳梅人）報研究	文史哲	2010.4	340	10	春秋人物
32	男人和女人的情話真話（一頁一小品）	秀　威	2010.11	250	8	男人女人人生智慧
33	三月詩會研究：春秋大業 18 年	文史哲	2010.12	560	12	詩社研究
34	迷情・奇謀・輪迴（合訂本）	文史哲	2011.1	760	35	警世、情色
35	找尋理想國：中國式民主政治研究要綱	文史哲	2011.2	160	3	政治
36	在「鳳梅人」小橋上：中國山西芮城三人行	文史哲	2011.4	480	13	遊記
37	我所知道的孫大公（黃埔 28 期）	文史哲	2011.4	320	10	春秋人物
38	漸陳勇士陳宏傳：他和劉學慧的傳奇故事	文史哲	2011.5	260	10	春秋人物
39	大浩劫後	文史哲	2011.6	160	3	歷史、天命
40	臺北公館地區開發史	唐　山	2011.7	200	5	地方誌
41	從皈依到短期出家：另一種人生體驗	唐　山	2012.4	240	4	學佛體驗
42	第四波戰爭開山鼻祖賓拉登	文史哲	2011.7	180	3	戰爭研究
43	臺大逸仙學會：中國統一的經營	文史哲	2011.8	280	6	統一之戰
44	金秋六人行：鄭州山西之旅	文史哲	2012.3	640	15	遊記、詩
45	中國神譜：中國民間信仰之理論與實務	文史哲	2012.1	680	20	民間信仰
46	中國當代平民詩人王學忠	文史哲	2012.4	380	10	詩人、詩品
47	三月詩會 20 年紀念別集	文史哲	2012.6	420	8	詩社研究
48	臺灣邊陲之美	文史哲	2012.9	300		詩歌、散文
49	政治學方法論概說	文史哲	2012.9	350	8	方法研究
50	西洋政治思想史概述	文史哲	2012.9	400	10	思想史
51	與君賞玩天地寬：陳福成作品評論與迴響					文學、文化
52	三世因緣：書畫芳香幾世情					書法、國畫集
53	讀詩稗記：蟾蜍山萬盛草齋文存	文史哲				讀詩、讀史
54	嚴謹與浪漫之間：詩俠范揚松	文史哲	2013.2			春秋人物
55	臺中開發史：兼臺中龍井陳家移臺略考	文史哲	2013.1	440		地方誌
56	最自在的是彩霞：台大退休人員聯誼會	文史哲	2012.9	300	8	台大校園
57	古晟的誕生：陳福成 60 詩選	文史哲				現代詩集
58	台大教官興衰史話	文史哲				台大、教官
59	爲中華民族的生存發展集百書疏：孫大公的思想主張書函手稿	文史哲				書簡
60	把腳印典藏在雲端：三月詩會詩人手稿詩	文史哲				手稿詩
61	英文單字研究：徹底理解英文單字記憶法	文史哲				英文字研究
62	迷航記：黃埔情暨陸官 44 期一些閒話	文史哲				軍旅記事、傳體小說